Kärntner Seen

Wolfgang Heitzmann

GPX-Daten zum Download

www.kompass.de/gpx

Kostenloser Download der GPX-Daten der im Wanderführer enthaltenen Wandertouren. Mehr Informationen auf Seite 3.

DER AUTOR

Wolfgang Heitzmann • lernte als Tourismusberater viele europäische Regionen intensiv kennen. Der gebürtige Oberösterreicher war Mitbegründer des Nationalparks Kalkalpen und organisierte überregionale Kulturprojekte. Heute ist er als Verlagslektor, Outdoor-Redakteur und Autor tätig. Neben zahlreichen Beiträgen für Alpinmagazine und Kulturmedien verfasste er bisher mehr als 90 Bücher. Bei KOMPASS erschienen u. a. Wander- und Radführer über die schweiz, Südtirol und die Dolomiten, das Stubai- und das Zillertal, Ober- und Niederösterreich, die österreichischen Nationalparks und die Insel Mallorca.

VORWORT

Es gibt viel Möglichkeiten, sich Kärnten anzunähern. Viele tun es in Badekleidung, mit Luftmatratze und Liegestuhl, denn Österreichs südlichstes Bundesland ist ein „Land der Seen“, ein vom Wasser geprägtes Ferienparadies für die ganze Familie.

Man kann sich Kärnten aber auch über die Geschichte erschließen. Seit der Steinzeit siedeln Menschen im Raum zwischen dem Großglockner und dem Lavanttal, der bereits unter den Kelten zu großer Bedeutung aufstieg. So wurde Kärnten zu einem der kulturellen Hotspots des Alpenraums, in dem es von geheimnisvollen Kultstätten über mittelalterliche Bauten bis zu zeitgenössischer Kunst und Literatur viel zu entdecken gibt. Feinschmecker schätzen das Land wiederum in kulinarischer Hinsicht, nicht zuletzt wegen der deutlich zu schmeckenden Einflüsse der slowenischen und italienischen Nachbarschaft. Die schönste Art der Annäherung erfolgt jedoch zu Fuß, mit Wanderschuhen und Rucksack. Wer Seen, Berge und Kunstschätze per pedes ansteuert, wird sie ganz besonders intensiv wahrnehmen – und nach ein paar Stunden genussvollen Gehens schmeckt es natürlich noch einmal so gut.

Wege am Wasser gelten seit jeher als Edelsteine unter den Wanderrouten – und davon bietet das Kärntner Seenland mehr als genug. So finden Sie auf den folgenden Seiten eine Auswahl der schönsten Uferwanderungen und Seeblick-Touren, für die ich Ihnen viel Spaß, gutes Wetter und eine gesunde Rückkehr wünsche.

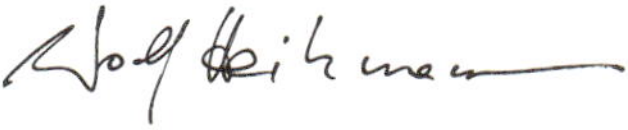

ORIENTIERUNG MIT GPS

Für Navigationsgeräte und Apps haben wir auf unserer Webseite alle Touren im GPX-Format zum Download bereitgestellt:

www.kompass.de/gpx

Hier findet man alle weiteren Informationen. Einfach das richtige Produkt auf der Seite auswählen, die Daten herunterladen und auf das Zielgerät oder in die gewünschte App importieren.

Mehrwert mit Spaßfaktor: Ob vorab zur Planung, als Sicherheit für unterwegs oder zum Erinnern und Archivieren der gegangenen Tour. Die digitale Wanderroute ist in vielerlei Hinsicht wertvoll. Ein Blick auf die Daten hilft, Neues zu entdecken und liefert Inspirationen für die nächsten Touren. Alle Wandertouren aus diesem Führer stehen im GPX-Format kompakt und genau zur Verfügung.

Was ist ein GPX-Track? GPX ist ein Datenformat für Geodaten. Das Wort GPS steht für Global Positioning System (Globales Positionsbestimmungssystem). Mit einem GPX-Track bekommt man die rote Linie, also den Wanderpfad, als geografische Koordinaten.

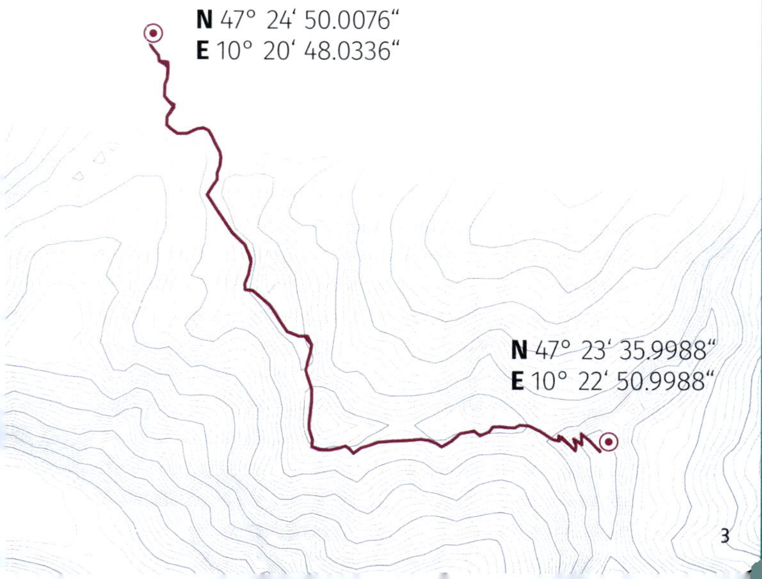

INHALT UND TOURENÜBERSICHT

AUFTAKT

ANHANG

km	h	hm	hm									Karte
6	2:00	20	20	✓	✓		✓		✓		✓	60
9	2:30	130	130	✓	✓		✓				✓	60
5,5	2:15	350	350	✓	✓		✓				✓	60
13	7:15	1310	1310	✓	✓		✓	✓				60
14	4:30	800	800	✓	✓	✓	✓	✓			✓	60
12	3:00	300	300	✓	✓		✓		✓		✓	60
10	2:45	100	100	✓	✓		✓		✓		✓	60
6	1:30	60	60	✓	✓		✓		✓		✓	60
20	7:00	1520	1520	✓	✓		✓	✓				60
9	5:00	500	500	✓								60
10	4:30	550	550	✓	✓		✓	✓			✓	60
5	3:30	570	570	✓	✓			✓				60
10,5	4:00	650	650	✓	✓		✓	✓				60
9,7	3:30	550	550	✓			✓				✓	64
12	3:15	30	30	✓	✓				✓			64
6	1:45	100	510	✓	✓	✓	✓	✓			✓	64
9	2:45	500	500	✓			✓	✓				64
12,5	5:30	830	830	✓			✓	✓				64
13	3:30	150	150	✓	✓		✓				✓	63
8,6	2:00	70	70	✓	✓							63

INHALT UND TOURENÜBERSICHT

Am Forstsee bei Velden.

Unterwegs in den Nockbergen.

km	h	hm	hm									Karte
15,8	6:00	320	320	✓	✓		✓				✓	63
8	3:00	500	50	✓	✓		✓	✓			✓	63
8	3:00	520	520	✓			✓	✓			✓	63
8	3:00	480	480	✓			✓	✓			✓	63
7,8	3:30	450	450	✓			✓	✓			✓	63
10	4:30	910	910	✓				✓				63
7,5	3:00	370	370	✓	✓		✓					63
8	3:30	650	650	✓	✓			✓				66
7,5	2:30	150	150	✓	✓		✓					66
9,5	3:30	550	550	✓	✓		✓	✓				66
11	3:00	310	310	✓	✓		✓				✓	63
8	2:45	70	550	✓	✓	✓	✓	✓			✓	62
7,5	2:00	20	20	✓	✓							62
6,5	3:45	380	380	✓	✓							62
8	3:00	510	510	✓	✓		✓	✓			✓	64
12,5	4:30	640	640	✓	✓		✓		✓		✓	61
9	3:00	200	200	✓			✓					61
7	2:00	270	270	✓	✓		✓	✓				61
14,5	7:00	1180	1180		✓		✓	✓			✓	61
7	2:30	200	200	✓	✓		✓				✓	61

St. Magarethen bei Reifnitz.

Der Schwarzsee auf der Turrach.

INHALT UND TOURENÜBERSICHT

Unbeschwerte sommerliche Ferienstimmung zu Wasser und zu Lande –

km	h	hm	hm									Karte
8	2:30	200	200	✓	✓		✓		✓			61
6	2:15	180	180	✓	✓		✓		✓			61
5,6	1:45	70	70	✓	✓		✓		✓			61
8,5	3:00	210	210	✓	✓		✓	✓	✓			61
6	2:00	170	170	✓	✓		✓					61
11	3:45	410	410	✓	✓		✓	✓				61
13,5	4:00	400	400	✓	✓		✓	✓			✓	61
7	2:00	120	120	✓	✓							61
4	2:00	200	200	✓	✓		✓				✓	61
6,5	2:30	480	50	✓	✓		✓	✓			✓	61
7	2:30	270	270	✓	✓		✓	✓	✓		✓	65
5	2:00	60	60	✓			✓				✓	65
5,5	2:30	540	540	✓			✓	✓			✓	65
6	3:30	520	520	✓	✓	✓	✓	✓				65
13,5	3:30	110	110	✓	✓		✓				✓	214

hier bei Pörtschach am Wörthersee.

Seebauer
2442
Rotgülden
Mauterndorf
Tamsweg
96
Muhr
Hafnergruppe
104
1779
Raming-
stein
Ankogel
3246
15%
Pichlern
Katschbergpass
(1641)
Predlitz
Wildpark
Malta-
Wasserfälle
Maltatal
13%
113
15%
12%
3360
Hochalmspitze
Ochsen-
riegel
2282
Koschach
E55
95
Maltatal
Reißeck
2965
Krems
i. K.
Malta
Innerkrems
10%
Turrach
2441
Reißeckgruppe
Biosphärenpark
18%
Turracher Höhe
(1783)
Gmünd
Kärntner
29
30
2287
129
Eisentratten
Nockberge
14%
1808
106
Stilleck
2179
2440
Gurktaler
Ebene
Reichenau
99
22
23
2308
28
2498
Lurnfeld
Knoten Spittal-
Millstätter See
Seeboden
am M.S.
24
St. Oswald
Sachsenburg
139
19
21
Millstatt
am See
27
1886
E66
Spittal
a. d. Dr.
Radenthein
Bad
Kleinkirchheim
100
98
25
88
St. Leonhard
16
20
Döbriach
Goldeck
2142
17
Millstätter See
95
A10
26
1771
Himmelberg
1
Techendorf
Aifersdorf
98
31
15%
5
2
18
Paternion
Innere
Einöde
Gerlitzen
33
(1077)
3
4
6
Kavallar
Feistritz a.d.Dr.
158
32
1909
34
7
Weißensee
Feistritz/Drau
Kellerberg
Treffen
87
Kreuzen
100
Ossiacher See
Sattendf.
Förolach
1819
172
178
40
Tröpolach
9
8
Bad Bleiberg
Hermagor
St. Stefan
a.d. Gail
Dobratsch
2166
35
Villach
341
Gail
10
13
Nötsch i. G.
348
3
83
15%
12
11-05
2000
Poludnig
15
36
Rose
Naßfeldpass
(1530)
2001
Dreiländereck
E55
A2
38
Faak a. S.
37
E61
11
14
Maglern
367
Arnold-
stein
Riegersdorf
Wurzenpass
(1073)
11
Pontebba
Bagni di
Lusnizza
Coccau
1931
Kepa
2145
39
Tarvisio
Rateče
Korensko s.
Podkoren
15%
Pontebba
Fella
T. Sud
T. Nord
A11
M.Santo
di Lussari
Fusine i. V.
Kranjska
Gora
Gozd-
Martuljek
201
E55
1766
Jôf di Montasio
2753
Giulie
V. Mangart
11-05
Mojstrana
1593
Alpi
Riofreddo
2679
14%
Škrlatica
Cave d. Predil
Jalovec
2645
Vršič
(1611)
2740
Jesenice
Peričnik
1
Chiusaforte
P.so del Predil
Predel
(1156)
10%
Log pod
Mangartom
Triglavski narodni
Raccolana
A23
17%
Triglav
Sella Nevea
(1190)
Resia
2587
M. Canin
Vis. Kanin
Trenta
2864
park
12%
Resia
Bovec
Soča
Soča
206
1818
P.so di
Tanamea
Dolina Soče
Dolina
Trigl. jezer
Rudno
polje
10%
Boka
Žaga
Julijske Alpe
Bohinjsko jez.
(851)
203
Trnovo
ob Soči
Savica
Sv. Janez
St. Fužina
Pradielis
Stol
1673
Krn
2244
Tolminski Kuk
2085
10%
Taipana
Breginj
St. Selo
Kobarid
Boh.
Bistrica
Tolminske
Ravne
Platischis
102
Sp. Gorica

Niederwölz
Murau
Frojach
Teufenbach-Katsch
Sperrgebiet
St.
Weißkirchen i. St.
Laßnitz b. M.
St. Lambrecht
Neumarkt i. St.
Zirbitzkogel
2396
Obdach
6%
2186
Amering
Obdacher-sattel (945)
Mühlen
1870
St. Peter i. Lav.
1874
Pressener Alpe
1814
Grades
St. Salvator
Dürnstein
1497
Eibel
Metnitz
10%
1359
Kliening
1818
i. Lav.
1693
Friesach
Hüttenbg.
Lölling
Guttaring
Kienberg 2050
Straßburg
Mösel
Gurk
10%
Kleinglödnitz
Althofen
Ladinger Spitze 2079
St. Margarethen i. Lav.
Pisweg
Meiselding
Kl. St. Paul
1901
1338
St. Georgen a. Längsee
Eberstein
St. Veit a. d. Glan
Hochosterwitz
St. Andrä
St. Urban
Brückl
Glanegg
Diex
Tropfstein-höhle
Magdalensberg
Gattersdf.
Griffen
14%
Feldkirchen i. K.
1059
Stift Griffen
Pischeldf.
Moosburg
Maria Saal
Völkermarkt
Poggersdf.
Ruden
Völkermarkt
KLU
Völkermarkter Stausee
Wörthersee
Grafenstein
Kühnsdorf
Drau
Bleiburg Pliberk
KLAGENFURT a.W.
Viktring
Eberndorf Dobrla vas
St. Jakob i.R.
Drau
Gallizien
Rosental
Globasnitz Globasnica
St. Margareten i. R.
Abtei
Sittersdorf Žitara vas
Rosenbach
Feistritz i. R.
Ferlach
Unterloibl
Obir-Tropfsteinhöhlen
Petzen 2125 Peca
Hochobir
2142
Eisenkappel-Vellach Železna Kapla-Bela
Jesenice
Loibltunnel
(1058)
Loiblpass Ljubelj
Zell-Pfarre Sele-Fara
2133
Trögern Korte
Koprivna
Olševa 1929
2236
Stol
Seebergsattel Jezerski Vrh (1216)
Bad Vellach
Solčava
Moste
Begunje n.G.
Podljubelj
2062
Bled
Zg. Jezersko
Logarska Dolina
1634
Tržič
Storžič
2558
2350
Blejsko jez.
Boh. Bela
Lesce
Grintovec
Ojstrica
Luče
Savinja
2132
Kamniška Bistrica
Radmirje
Brezje
Radovljica
Kamniške in Savinjske Alpe
Golnik
R. Podtabor
Kokra
1557
1666
Gornji Grad
Kropa
Kokrica
Brdo
Stahovica
Črnivec (902)
Dražgoše
Sava
Visoko
1508
1678
Šenčur
Železniki
Selca
Kranj
LJU
Sp. Brnik
Kamnik
Voklo
96
78
317
92
E66
252
255
A2
93
55
264
94
70
317
92
82
E66
278
273
95
43
288
80
42
317
305
298
81
46
45
48
44
51
47
52
81
49
85
54
E652
50
53
91
82
2
101
210
428
4
6
A2
E61
9
225
09
403

Dieser Mini-See über dem Nassfeld dient der Kunstschnee-Erzeugung.

1270 stehende Gewässer gibt es laut Wikipedia in Kärnten. Damit zählt das südlichste Bundesland Österreichs zu den seenreichsten Gebieten der Alpen – und in kaum einem anderen Gebiet findet man auf engem Raum so unterschiedliche Seentypen. Das Spektrum recht dabei von den hochalpinen Wasseraugen der Hohen Tauern und der Karnischen Alpen über die von Wiesen und Wäldern gesäumten Seen der Gailtaler Alpen und der Nockberge bis zu den Bade-Destinationen zwischen Villach und Klagenfurt, dem Rosental und dem Jauntal, die zwischen sanften Hügeln eingebettet sind und vom Zackenkamm der Karawanken überragt werden. Dazu kommen zahlreiche Weiher und Teiche, die einst für die Fischzucht aufgestaut wurden, und einige künstlich angelegte Badeseen.

Naturpark Weißensee

Die Seen auf der Südseite der Alpen bekommen natürlich mehr Sonnenschein ab als die Gewässer im Norden der Kärntner Landesgrenze. Das verhilft selbst dem Weißensee, der immerhin auf 930 m Seehöhe mitten in den Gailtaler Alpen liegt, zu sommerlichen Wassertemperaturen bis zu 24 °C. Damit gilt der „Alpenfjord“ als das höchstgelegene Badeparadies Kärntens – und auch als das „grünste“, denn es liegt nur zu einem Drittel in bebautem Gebiet. Der Rest seines 23 km langen Ufers ist von Felsen und steilen Waldhängen gesäumt und mit Schilf bewachsen; es besteht nicht einmal eine durchgehende Straßenverbindung zwischen dem westlichen und dem östlichen Seebereich. Nicht zuletzt aus diesem Grund wurde ein 7640 ha großes Gebiet rund um den Weißensee zum Naturpark erklärt. Ein 200 km langes Netz gut markierter Wanderwege lädt dort zu gemütlichen Spaziergängen, botanischen Exkursionen, Alm- und Hüttenwanderungen oder Bergtouren ein.

Pressegger See

Noch ein Stück weiter im Süden und um 370 m tiefer liegt der Pressegger See in einer flachen Seitenmulde des Gailtals. Größenmäßig nimmt er im Ranking der Kärntner Seen die Nummer neun ein. Erst um 1890 „entdeckten" ihn die ersten Touristen, doch dann steigerte sich seine Bedeutung so sehr, dass sogar die nahe Bezirkshauptstadt heute offiziell Hermagor-Pressegger See heißt. Auch ein zweiter ihrer Ortsteile verdankt sein Dasein dem Tourismus: Die Sonnenalpe Nassfeld, das Gebiet um den 1530 m hoch gelegenen Nassfeldpass in den Karnischen Alpen, an der Grenze zu Italien. Nicht einmal 50 Einwohner leben dort inmitten von weit mehr Hotels und Liftanlagen, denn das Nassfeld hat sich zum größten Skigebiet Kärntens entwickelt. Zum sommerlichen Wandern und Bergsteigen locken dort zahlreiche Almen und schroffe Gipfel, die einen zauberhaften Gegensatz zum ebenen Weg um den den Pressegger See bilden.

Millstätter See, Afritzer- und Feldsee

Die zweitgrößte „Badewanne" Kärntens ist der 11,5 km lange Millstätter see zwischen Spittal an der Drau, dem uralten Stift Millstatt und dem Bergwerksort Radenthein am Rande des Biosphärenparks Nockberge. In

Das Gipfelkreuz auf dem Mirnock, Wegweiser bei Ossiach, ein Bad im Weißensee und Frigga auf der Alm.

seinem Süden erstreckt sich ein weites Waldland, im Norden überragt ihn die Millstätter Alpe und im Osten bewacht ihn der Mirnock – beide Massive sind um die 2100 m hoch. Das bedeutet, dass sich das Millstätter Wanderrevier über 1500 Höhenmeter erstreckt und an vielen Stellen einen dementsprechenden Tiefblick verspricht.

Ossiacher See

Zauber der Gegensätze! Die Nummer drei unter den größten Kärntner Seen ist geprägt von der 1909 m hohen Gerlitzen, dem südlichsten Ausläufer der Nockberge, dem sanft gewellten und waldreichen Hügelland über dem altehrwürdigen Stift Ossiach und dem erst jüngst wieder

Uferidylle in Steindorf am Ossiacher See.

Östlich des Millstätter Sees liegt das sogenannte Gegendtal, in dem sich mit dem Feldsee (oder Brennsee) und dem Afritzer See zwei kleinere, aber besonders feine Wasserziele verbergen. Wer hier eine Badepause zum Wandern nutzt, kann im nahen Dorf Arriach den geografischen Mittelpunkt Kärntens ansteuern (und viele schöne alte Bauernhöfe bewundern).

renaturierten Bleistätter Moor an der Mündung des Tiebelbachs. Damit entspricht der mehr als 10 km lange Ossiacher See den gängigen Vorstellungen von Sommerferien im Land Kärnten in perfektem Maße. Gepflegte und gut markierte Wege führen durch die Waldhänge über dem Ufer; man kann die gesamte Seefläche sogar in zwei Tagen umwandern.

Der Alpe Adria Trail® – „Wandern im Garten Eden“

Weitwandern von See zu See, von einem Ufer zum nächsten? Auf dem mehrfach ausgezeichneten Alpe Adria Trail ist das problemlos möglich. Dieser etwa 750 km lange und im wahrsten Sinn des Wortes „grenzenlose“ Weitwanderweg verbindet Kärnten, das südliche Nachbarland Slowenien und die norditalienische Region Friaul-Julisch Venetien. Der Alpe Adria Trail führt in 43 Tagesetappen, die zwischen 17 und 20 km lang sind, vom vom Fuß des Großglockners im Herzen des Nationalparks Hohe Tauern bis zur Adria bei Triest. So weit muss man aber gar nicht marschieren, denn auch auf den zehn Teilstrecken durch das Kärntner Seenland erlebt man einen landschaftlichen und kulturellen Höhepunkt nach dem anderen. Dabei wird zunächst in zwei Tagesetappen die Millstätter Alpe überschritten; allein die Nächtigung in der Alexanderhütte ist ein Erlebnis für sich. Am dritten Wandertag gelangen Sie ins Reich der Nockberge, das Sie tags darauf bis zum Falkertsee durchqueren. Von Bad Kleinkirchheim, dem Etappenziel Nummer fünf, erklimmen Sie den 2145 m hohen Wöllaner Nock, um jenseits zur Mitte Kärntens in Arriach abzusteigen. Nach einem weiteren Aufstieg genießen Sie am Abend des siebten Tages das schier unglaubliche Rundum-Panorama vom Gipfel der Gerlitzen. Es folgt ein Besuch des Ossiacher Sees, bevor Sie von Ossiach nach Velden am Wörthersee hinüberwandern. Als „Zugabe“ steht der relativ kurze Übergang zum Faaker See und zur Burgruine Finkenstein auf dem Programm.

Der Trail auf der Millstätter Alpe.

Und noch ein Tipp: Der Alpe Adria Trail lässt sich auch (fast) völlig unbeschwert begehen: Ein spezieller Mobilitätsservice ermöglicht „Wandern ohne Gepäck“. Während man dabei nur mit einem kleinen Tagesrucksack unterwegs ist, wird das zusätzliche Gepäck per Shuttle zur jeweils nächsten Unterkunft transportiert.
http://alpe-adria-trail.com

Die Wallfahrtskirche Maria Wörth – das Wahrzeichen des Wörthersees.

Faaker See

Das 220 ha große, von Schilf, Strandbädern und Campingplätzen umgebene Gewässer im Südosten von Villach ist wahrscheinlich das meistfotografierte in ganz Kärnten – dem bezaubernden Bildstock des „Egger Marterls“ vor der Felskulisse des Mittagskogels sei Dank. Zwischen diesem felsigen Karawankengipfel und dem fünftgrößten See Kärntens findet man mit der revitalisierten Burgruine Finkenstein und dem Kanzianiberg zwei weitere Wahreichen der Region: Erstere wurde als Location für Konzerte und Kabarett weit über die Grenzen Kärntens hinaus bekannt, zweiterer ist nicht nur Kunstfreunden und Kneipp-Enthusiasten, sondern auch Kletterern ein Begriff.

Wörthersee und Keutschacher See

Der Sage nach geht der größte See Kärntens auf eine Katastrophe biblischen Ausmaßes zurück. Das kleine Wörtherseemandl soll einst den Hahn seines Zauberfässchens geöffnet haben, um damit die liederlichen Bewohner einer großen, reichen Stadt zu ertränken. Immerhin rinnt das kleine Fass noch heute aus, und zwar auf einem Brunnen in der Klagenfurter Kramergasse. So soll der 16,5 km lange Wörhersee entstanden sein, und der erfreute seine Anwohner schon früh mit seinem Fischreichtum. Ab der Mitte des 19. Jahrhunderts rückte das südländisch anmutende Gewässer ins Blickfeld der noblen Wiener Gesellschaft, die den bis heute florierenden Sommertourismus in Pörtschach, Krum-

Sommerliche Wörthersee-Impressionen aus Pörtschach und Velden.

Tourismus Info

Kärnten Werbung
Völkermarkter Ring 21–23,
A-9020 Klagenfurt,
Tel. +43 463 3000,
www.kaernten.at

Weissensee
Techendorf 78,
A-9762 Weissensee,
Tel. +43 4713 2220-0,
www.weissensee.com

Nassfeld | Pressegger See
Wulfeniaplatz 1,
A-9620 Hermagor
Tel. +43 4285 8241,
www.nassfeld.at

Villach | Faaker See
Ossiacher See
Bahnhofstraße 3
A-9500 Villach
Tel. +43 4242 205 2900
www.region-villach.at

Wörthersee | 4-Seental Keutschach
Villacher Straße 19,
A-9220 Velden,
Tel. +43 4274 38288,
www.woerthersee.com

Carnica-Region Rosental
Freibacher Straße 1,
A-9170 Ferlach,
Tel: +43 4227 5119,
www.carnica-rosental.at

Klopeiner See | Südkärnten
Schulstraße 10,
A-9122 St. Kanzian
am Klopeiner See,
Tel. +43 4239 2222,
www.klopeinersee.at

Tourismusregion Mittelkärnten
Erlebnisregion Hochosterwitz
Hauptplatz 23,
A-9300 St. Veit an der Glan,
Tel. +43 4212 45608,
www.kaernten-mitte.at

pendorf, Maria Wörth, Reifnitz und Velden begründete. Ein Hauch von Jetset und Glamour liegt heute noch über diesen Seeorten – doch wenn man die Wanderschuhe schnürt und nur ein paar Kilometer landeinwärts marschiert, wähnt man sich bald in der Welt der Kelten, Römer und der Slawen, die hier zahlreiche Spuren hinterließen – man muss sie nur mit Muße suchen. In den weiten Wäldern um den Wörthersee verstecken sich etliche kleinere Seen, Teiche und Weiher, aber auch Buschenschenken und Gasthöfe, in denen die bodenständige Kärntner Küche noch hochgehalten wird.
Sehr naturbelassen blieb auch das südlich benachbarte Keutschacher Seental, in dem der Keutschacher See, der Hafnersee und der Rauschelesee ungetrübtes Badevergnügen versprechen. Südlich davon lädt der dicht bewaldete Höhenzug der Sattnitz zu Wanderungen in ein mystisches Schattenreich ein.

Klopeiner See

Klopinjsko jezero nennen die Slowenen, die hier am Fuße der Karawanken leben, das 1,1 km^2 große Gewässer, das in Sachen Wassertemperatur allsommerlich Rekorde bricht: Bis zu 29 °C erreicht der Klopeiner See. Auch der nahe Turner See und der Gösselsdofer See spielen diesbezüglich alpenweit in der Oberliga mit. Mit dem 2139 m hohen Hochobir und der Petzen (2114 m) verfügen die beliebten Südkärntner Wasserparadiese auch über zwei leicht erreichbare und höchst aussichtsreiche Wanderziele.

Längsee

Immerhin auf sommerliche 26 °C bringt es der weitgehend naturbelassene Längsee zwischen St. Veit an der Glan und der berühmten Burg Hochosterwitz nördlich von Klagenfurt. Auch er ist in diesem Wanderführer mit einer Rundtour vertreten.

MEINE LIEBLINGSTOUR

Der Weißensee-Norduferweg (Tour 2) zählt zu den Klassikern unter Österreichs Wanderrouten. Als Slow Trail wurde er mit kleinen Ruhe-Oasen mit Rastbänken und Holzliegen ausgestattet. Man ist an diesem naturbelassenen „Alpenfjord“ stets am Wasser unterwegs und genießt dabei seine unverwechselbaren Farbnuancen von Türkis bis Dunkelgrün. Ein besonderer Tipp ist die Rückfahrt mit der „Alpenperle“, Österreichs erstem Elektro-Hybrid-Schiff, das vollkommen geräusch- und vibrationslos über den See gleitet.

SCHWIERIGKEITSBEWERTUNG

Zur besseren Einschätzung der Anforderungen, die Sie im Gelände erwarten, sind alle Touren mit Farben gekennzeichnet:

■ LEICHTE WANDERUNGEN

verlaufen meist auf gut angelegten, beschilderten und markierten Wegen ohne besondere Gefahrenstellen. Das schließt allerdings kurze, kräftige Steigungen nicht aus.

■ MITTELSCHWERE WEGE/PFADE

führen in (hoch-)alpines, steiles und felsiges Gelände. Abschüssige bzw. mit Stahlseilen gesicherte Stellen erfordern Trittsicherheit, Schwindelfreiheit und alpine Erfahrung.

■ SCHWERE TOUREN

sind anspruchsvoll und oft sehr lang. Sie bringen Sie in unwegsames und steilfelsiges Gelände, das bei Nebel, Schnee oder Vereisung gefährlich ist. Vorausgesetzt werden gute körperliche Kondition und Bergerfahrung.

DIE ANGEGEBENEN GEHZEITEN

sind nur unverbindliche Richtwerte ohne Pausen. Planen Sie bitte stets genügend Zeitreserven ein!

AUSRÜSTUNG

Abgesehen von Spaziergängen und einfachen Wanderungen im Talbereich benötigen Sie bei allen Touren feste Wander- bzw. Bergschuhe (mit Profilgummisohle), wind- und regendichte Kleidung, Reservewäsche zum Wechseln, Proviant, genug zu Trinken und eine kleine Notfallapotheke.
Teleskopstöcke sind vor allem beim Bergabgehen hilfreich, Schuhspikes tun bei Vereisung im Herbst und im Winter gute Dienste.

WETTERBERICHT

www.zamg.ac.at/cms/de/wetter/wetter-oesterreich/kaernten
http://wetter.orf.at/kaernten
www.alpenverein.at/portal/wetter

UNWETTERSCHÄDEN – WEGSPERREN

In den letzten Jahren verursachten schwere Unwetter und Stürme immer wieder Schäden an Forststraßen, Wanderwegen und Bergpfaden, die zeitweise nur erschwert passierbar waren, gesperrt oder sogar neu trassiert werden mussten. Aber auch durch Baumaßnahmen oder Forstarbeiten können einzelne Wegabschnitte kurzfristig unbegehbar sein.

NOTRUF

Tel. 140 (Bergrettung) oder 112 (Europäischer Notruf).

ALPINES NOTSIGNAL

Innerhalb einer Minute 6 x rufen, pfeifen, blinken oder winken; dazwischen eine Minute Pause. Antwort: 3 Zeichen pro Minute.

MEINE HIGHLIGHTS

1

2

3

4

5

1: Der Millstätter See
→ Tour 19, Seite 78

2: Der Pyramidenkogel zwischen dem Wörthersee und dem Keutschacher See
→ Tour 46, Seite 176

3: Die Hohe Gloriette, die Aussichtswarte von Pörtschach am Wörthersee
→ Tour 42, Seite 160

4: Der Mittagskogel hoch über dem Faaker See
→ Tour 39, Seite 148

5: Der neue Slow Trail am Ossiacher See
→ Tour 33, Seite 128

THEMENWEGE AM WEISSENSEE

Von Fischen und Feuchtwiesen

6 km | 2:00 h | 20 hm | 20 hm | 60

START | Weißensee, Ortsteil Praditz (933 m), letzter gebührenfreier Parkplatz an der See-Zufahrt von Westen (gegenüber der Tankstelle). [GPS: UTM Zone 33 x: 367.015 m y: 5.175.728 m]
CHARAKTER | Einfache und fast ebene Wanderung auf Wegen und Nebenstraßen im Uferbereich des Weißensees.

Der 11,6 km lange Weißensee (den die Einheimischen und die Touristiker meist mit zwei „s" schreiben) ist für seine Naturbelassenheit bekannt. Sogar im verbauten Westteil des Gewässers findet man große Schilfbestände, die zahlreichen Tier- und Pflanzenarten Heimat und Schutz bieten. Natürlich kann man dort auch wunderbar wandern, und zwar auf zwei Themenwegen, die auf übersichtlich gestalteten Schautafeln alle Besonderheiten dieser Region vorstellen. Sogar eine Aussichtsplattform gibt es, und auch ein Beobachtungssteg lädt zum Bewundern der Natur ein.

Vom Parkplatz in **Praditz** 01 folgen Sie der Beschilderung „Südl. Waldweg Techendorf" auf einem Schotterfahrweg nach Süden durch Schilfbestände bis zum Seecamping Müller. Danach geht's neben dem noch unverbauten südwestlichen Seeufer weiter zur Tschatscheleria (Restaurant) und zum Hotel Harrida. Die vorgestellten Themen am Weg: Der See und sein Ufer, die Pflanzen zwischen Wasser und Leben, das Tierleben (Aussichtsplattform), die Mooswiesen und das geheimnisvolle Moor (Steg). Schließlich erreichen Sie den südlichen Bereich von **Techendorf** 02 (933 m).

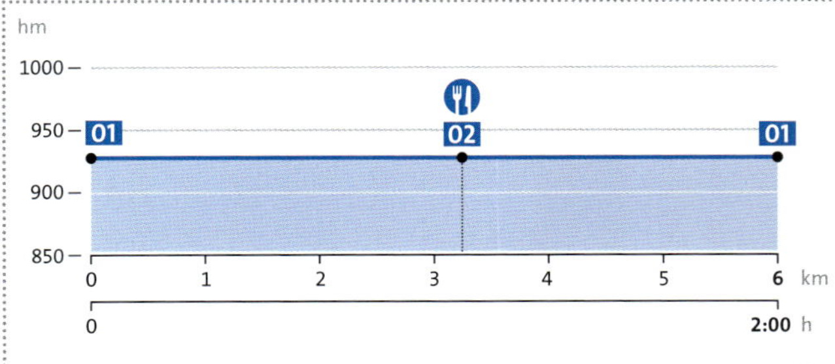

01 Praditz, 933 m; 02 Techendorf, 933 m

Dort wenden Sie sich nach links und überschreiten die Seebrücke, die ins Ortszentrum hinüberführt. Schon bei der Raiffeisenkasse beginnt links der Themenweg „Von Fischen und Fischern", ein feiner Promenadenweg, der in einigem Abstand zum Nordufer nach Westen führt. Tafeln präsentieren das Projekt Seeforelle, ein Paradies für Petrijünger, die Fischlebensräume im See, das Thema „Fressen und gefressen werden" sowie die Fische, die im See schwimmen. Vorbei an Sommerhäusern und privaten Ufergrundstücken kommen Sie wieder zum Ausgangspunkt in **Praditz** 01 zurück.

Naturlandschaft am Weißensee.

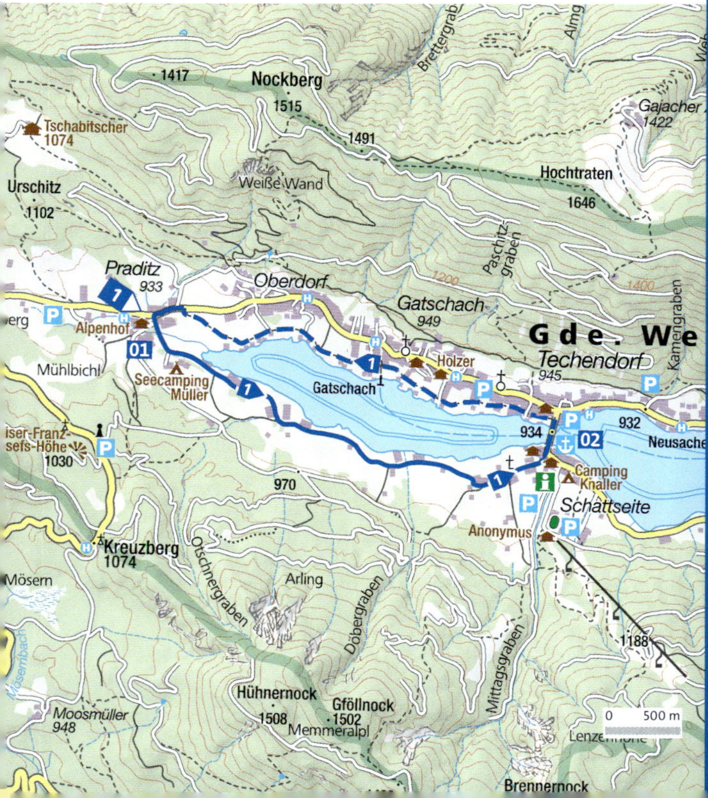

DER WEISSENSEE-NORDUFERWEG

Unterwegs am „Alpenfjord“

9 km | 2:30 h | 130 hm | 130 hm | 60

START | Neusach am Weißensee (934 m), gebührenpflichtiger Parkplatz und Bushaltestelle am Ende der öffentlich befahrbaren Straße (Umkehrschleife).
[GPS: UTM Zone 33 x: 371.808 m y: 5.174.811 m]
CHARAKTER | Landschaftlich einmalig schöne Ufer-, Wald- und Bergwanderung auf Nebenstraßen und stellenweise steinigen Pfaden, die Trittsicherheit erfordern. Rückkehr mit dem Linienschiff (www.weissensee-schifffahrt.at).

Dies ist sicher eine der schönsten Kärntner Wanderrouten – und die einzige Wegverbindung zwischen dem Ost- und dem Westufer des Weißensees, denn neben dem berühmten „Alpenfjord“ besteht keine durchgehende Straße. Bei einer Tour auf dem sehr beliebten Norduferweg erlebt man nicht nur großartige Landschaftsszenerien, sondern hat auch viel Muße, um das Wasser zu betrachten. Eingeschwemmte Partikel von Dolomitgestein sorgen für die türkise Färbung, während die seichten Uferbereiche fast weiß erscheinen – daher bekam der See seinen Namen.

▶ Vom Parkplatz in **Neusach** 01 wandern Sie zunächst auf dem breiten Schotterweg in 30 Minuten Richtung „Ortsee“ nach Osten bis zum Ferienhaus am **Ronacherfels** 02 (in dem man leider nicht mehr einkehren kann). Dort befindet sich eine Anlegestelle der Schifffahrtslinie.

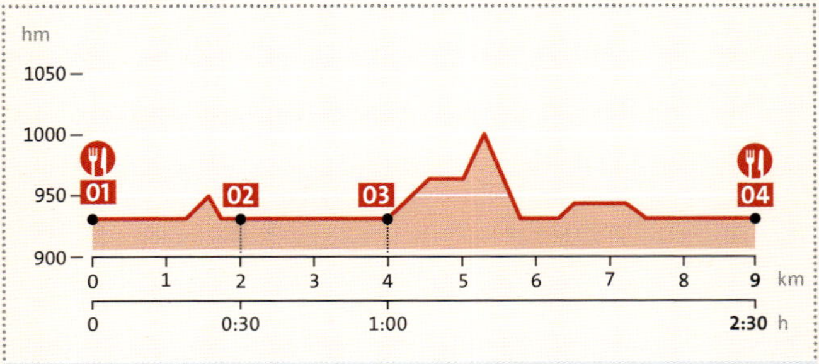

01 Neusach, 934 m; 02 Ronacherfels, 934 m; 03 Kleine Steinwand, 934 m; 04 Ortsee, 932 m

Manche Abschnitte des Norduferweges verlangen einen sicheren Tritt.

Das einmalige Farbenspiel am See.

Nach weiteren 30 Minuten kommen Sie auf einem schmaleren Pfad in die felsige Bucht unterhalb der **Kleinen Steinwand** **03**, in der die Schiffe ebenfalls anlegen.

Nun folgt der anspruchsvollste Abschnitt des Weges, der nach einem kurzen Anstieg durch die steilen, felsigen Waldhänge um die Hohe Steinwand führt. Dafür genießt man 60 m über dem Ufer herrliche Blicke auf den See, der dort bis zu 99 m tief ist. Bald geht's wieder hinunter und dann im sanften Auf und Ab zum Terrassencampingplatz Ronacher (Restaurant) am östlichen Ende des Sees. Wer nicht schon unterwegs ins Wasser gehüpft ist, findet dort ein schönes Strandbad und einen freien Badeplatz. Die Schiffsstation befindet sich am Südufer in **Ortsee** **04** (Gasthof Dolomitenblick, 932 m).

Mit dem Schiff kommt man zuletzt wieder am Ronacherfels vorbei.

ZUR ALM HINTERM BRUNN

Ins „Hinterland“ des Weißensees

5,5 km | 2:15 h | 350 hm | 350 hm | 60

START | Neusach am Weißensee (934 m), gebührenpflichtiger Parkplatz und Bushaltestelle am Ende der öffentlich befahrbaren Straße (Umkehrschleife).
[GPS: UTM Zone 33 x: 371.808 m y: 5.174.811 m]
CHARAKTER | Kurze Almwanderung auf Forststraßen sowie stellenweise steilen und steinigen Wald- und Bergpfaden.

Der Weißensee liegt inmitten einer waldreichen Berglandschaft, aus der einige respektable Berggestalten herausragen. Dazwischen findet man aber auch idyllische Hochweiden wie etwa die Alm hinterm Brunn, die sich in einem abgeschiedenen Hochtal zwischen dem See und dem Drautal verbirgt. Man sollte sie allein schon wegen der bodenständigen Köstlichkeiten, die dort aufgetischt werden, besuchen!

▶ Vom Parkplatz in **Neusach** 01 wandern Sie, dem Wegweiser „Latschur, Alm hinterm Brunn“ folgend, auf einer Asphaltstraße bergwärts. Oberhalb der Häuser, bei einer Gabelung am Waldrand, gehen Sie geradeaus auf einem Weg weiter aufwärts. Noch ein Stück weiter oben biegen Sie links ab. Nun steigt der stellenweise steinige Pfad im Zickzack durch steile Waldhänge an, bis Sie eine Forststraße erreichen. Auf dieser gehen Sie kurz nach links weiter, bis Sie rechs auf einem beschilderten Pfad noch eine Kehre abkürzen können. Zuletzt führt der Fahrweg über die Wiesen in einem weiten Hochtal nach Norden zur **Alm hinterm Brunn** 02 (1275 m).

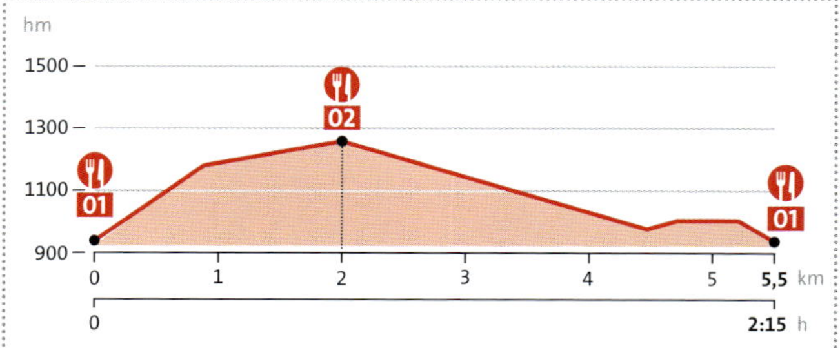

01 Neusach, 934 m; 02 Alm hinterm Brunn, 1275 m

Dem Himmel ein wenig näher – die Alm hinterm Brunn.

Rückweg wieder auf der Schotterstraße, der man von der Pfad-Einmündung weiter abwärts folgt. Kurz danach zweigt man rechts Richtung „Techendorf“ ab. Im weiteren Abstieg erblickt man links zwischen den Bäumen wieder den türkisfarbenen See, während rechts steile, seltsam geschichtete Felsen emporragen. Schließlich biegen Sie scharf nach links auf einen Pfad ab (Wegweiser „Ortsee/Ostufer“), auf dem Sie steil zu einem quer verlaufenden Weg absteigen. Auf diesem gelangen Sie links zur bereits bekannten Aufstiegsroute zurück. Zuletzt geht’s rechts nach **Neusach** 01 hinab.

4

LATSCHUR • 2236 m

Der höchste Berg über dem See

13 km · 7:15 h · 1310 hm · 1310 hm · 60

START | Ortsee am östlichen Ende des Weißensees (932 m), Parkplatz und Bushaltestelle (Zufahrt von Stockenboi). [GPS: UTM Zone 33 x: 378.815 m y: 5.172.928 m]
CHARAKTER | Lange und stellenweise anspruchsvolle Bergwanderung auf stellenweise steilen und steinigen Pfaden.

Im Norden des Weißensees erhebt sich eine Gebirgsgruppe mit felsigen Gipfeln, die sich bis zum Goldeck über Spital an der Drau erstreckt. Benannt wurde sie nach ihrer höchsten Erhebung, dem Latschur. Wer ihn ersteigen möchte, braucht eine gute Kondition und sollte genug zum Trinken mitnehmen, denn bis zum Gipfelkreuz wollen mehr als 1300 Höhenmeter überwunden werden. Belohnt wird die Tour natürlich mit einem grandiosen Rundum-Panorama, aber auch mit der Rast auf einer urtümlichen Alm.

▶ Vom Parkplatz in **Ortsee** 01 gehen Sie auf der Brücke über den Weißenbach und dann links zum Nordufer-weg des Weißensees, vorbei am Strandbad und am Campingplatz Ronacher. Wo der Norduferweg links wegführt, biegen Sie rechts Richtung „Techendorfer Alm" ab. Vor der Brücke über den Silberbach beginnt dann links der Weg Nr. 265, der in die steilen Waldhänge der Wurtenmähder hinaufzieht. Nach unübersichtlichem Windwurfgelände trifft der Pfad auf die Kehren einer Forststraße (auf der man

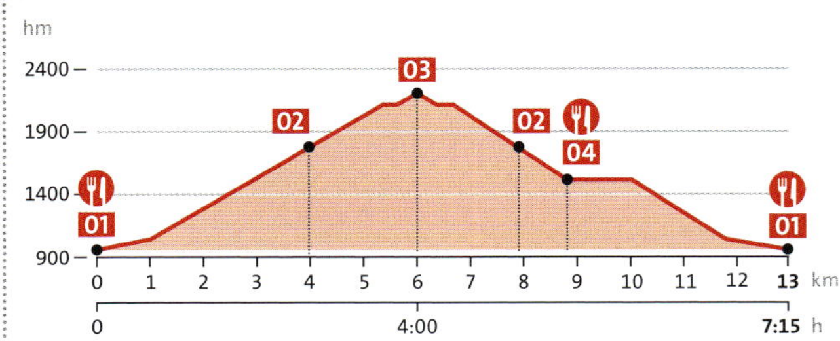

01 Ortsee, 932 m; 02 Stosia, 1820 m; 03 Latschur, 2236 m;
02 Techendorfer Alm, 1573 m

Kuhstand
2046
Kreuzbühel
2060
1515
Althausalm
Nieselalm
1717
1751
Siflitzhütten
(Kuhalm)
Joggelshofhü
1242
Ochsengraben
Latschurgraben
Ochsenkopf
2024
Schafalm
Jahnalm
1635
Latschur
2236
03
Ochsenkopf
1945
Hühnerspitz
2002
Steinernes Mandl
Bärenkofel
Eckwand
2221
Rosenleiten
Mittersta
2180
Kampen
Almspitz
2096
Eckwandsattel
Goltsch
2070
Karsatte
2002
Kopasnock
2087
Fellberger Alm
1746
lingwiesen
Ahornboden
Grüntal
02
Stosia
Techendorfer Alm
1573
Genitzen
Schrengengraben
Goldschupfenalm
Saatschule
Grundhütte
Jhtt.
1827
Kuckwände
1600
Neusacher Alm
1531
Kleiner Silbergraben
1631
Peloschen
Wurten
Jhtt.
kofel
Kleine Steinwand
Gosaria
935
Ortsee
Urbele
Terrassencamping
Ronacher
Mös
Weißenbach
Lakawand
Dolomitenblick
932
01
Kiosk
Marchgraben
In der Laka
Sorgon
1404
Sorgo
Tschisch
Lakuzen
Laka
1852
Hermagorer
Bodenalm
1231
1231
Käserei
0 500 m
1065
Jonsalm
993

4

ebenfalls ansteigen könnte – das dauert aber länger). Wo er rechts zur Techendorfer Alm führt, zweigen Sie links ab und steigen steil zur Hochfläche der **Stosia** 02 (1820 m) an. Dort münden Pfade von der Alm hinterm Brunn bzw. von der Techendorfer Alm ein.

Zuvor jedoch genießt man den flacheren Anstieg zum Gipfel, der über den freien und aussichtsreichen Rücken nach Norden führt. Von der folgenden Gabelung gehen sie am besten rechts weiter über den Grat auf den Almspitz (2096 m) und vom benachbarten Bärenkofel (2180 m) nach links – aber auch der Pfad durch seine Westflanke bietet schöne Eindrücke. Die beiden Routen treffen in einem Sattel wieder zusammen. Von dort trennen sie dann nur mehr rund 10 Minuten vom Kreuz auf dem **Latschur** 03 (2236 m). Der Tiefblick ins Drautal wird Ihnen bestimmt ebenso in Erinnerung bleiben wie die Sicht zu den Karnischen Alpen und zu den Hohen Tauern. Gesamte Aufstiegszeit ca. 4 Stunden.

Bergab geht's wieder über den Rücken – über den Almspitz oder, wie erwähnt, rechts daneben. Von der **Stosia** 02 wandern Sie dann links auf dem beschilderten Pfad direkt zur wunderbar gelegenen **Techendorfer Alm** 04 (1573 m) hinunter. Der Abstieg ist recht steil, aber dafür können Sie sich danach während der Almsaison mit dort hergestellten Produkten stärken. Den selbstgemachten Glundnerkäse sollten sie auf jeden Fall kosten!

Auf dem Fahrweg erreichen Sie wieder den Weg Nr. 265, auf dem sie wieder ins Tal absteigen und nach **Ortsee** 01 zurückkehren.

Die schroffe Latschur-Nordseite –

der beschriebene Aufstieg führt von links über den grünen Rücken.

GOLZ • 2004 m

Mit dem Lift ins Almgebiet

14 km | 4:30 h | 800 hm | 800 hm | 60

START | Techendorf am Weißensee (934 m), Talstation der Weißensee-Bergbahn (www.weissensee-bergbahn.at); Auffahrt mit dem Sessellift zur Bergstation (1320 m).
[GPS: UTM Zone 33 x: 370.561 m y: 5.173.368 m]
CHARAKTER | Beliebte Alm- und Bergwanderung auf Forststraßen und gut markierten, aber stellenweise steilen und steinigen Pfaden; im Gipfelbereich ist Trittsicherheit erforderlich.

Im Süden des Weißensees erheben sich ebenfalls waldreiche Berge, die am Golz auch ein paar schroffe Felsen zeigen. Der Sessellift auf der Südseite von Techendorf – jenseits der Seebrücke – erspart einige Aufstiegs- und Abstiegs-Höhenmeter auf dem Weg dorthin, doch auch die restliche Bergstrecke wird zum Schluss recht „zünftig". Wem der Gipfelaufstieg als zu lang oder zu schwierig erscheint, der kann es ja bei einer der guten Jausenstationen im davor gelegenen Almgebiet bewenden lassen.

Gleich von der **Bergstation** 01 der Bergbahn Weißensee (Einkehrmöglichkeit) führt der beschilderte Weg Nr. 262 über eine Wiese zur nahen **Naggler Alm** 02 (1335 m).

Vorbei am „Wegweiser für morgen", einer modernen, der EU gewidmeten Skulptur, geht's weiter nach Südosten zum Drachsel-Bildstöckl (Aussichtspunkt), wo Sie eine Forststraße queren. Auf dieser oder auf dem „wurzelreichen", aber originell angelegten Gaisrückensteig erreichen Sie durch Wald und Lat-

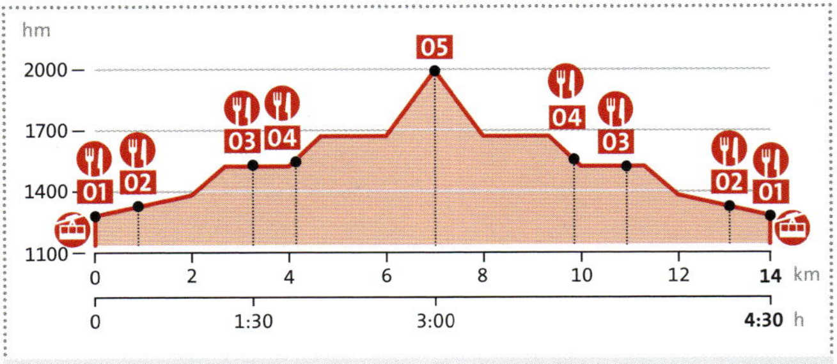

01 Bergstation, 1320 m; 02 Naggler Alm, 1335 m; 03 Jadersdorfer Ochsenalm, 1523 m; 04 Kohlröslhütte, 1533 m; 05 Golz, 2004 m

Der Herbst bringt Farbe in den Waldmantel der Weißensee-Berge.

schenbestände die **Jadersdorfer Ochsenalm** 03 (1523 m) und die schön gelegene **Kohlröslalm** 04 (1533 m). Gehzeit 1 ½ Stunden.

Nun sind es noch 1 ½ Stunden bis auf den Golz. Der Pfad Nr. 229 dorthin steigt zum Großboden an und erreicht dort die St. Lorenzer Kuhalm. Über den nahen Sattelköpfen erhebt sich dann endlich der ersehnte Gipfel. Nach der Querung einer parallel verlaufenden Forststraße beginnt der sehr steile und stellenweise sogar felsige Aufstiegspfad, der erst noch durch Wald und bald in freies Gelände führt. Nach einigen Gegensteigungen und ein letztes Gratstück ist das Gipfelkreuz auf dem **Golz** 05 (2004 m) schließlich erreicht. Manchmal grasen auf der aussichtsreichen Kuppe einige Kühe oder Pferde, die sich mit den umherstreifenden Gemsen gut zu verstehen scheinen.

Der Abstieg zur **Bergstation** 01 der Bergbahn Weißensee erfolgt auf derselben Route; Talfahrt mit dem Sessellift.

Begegnung am Gipfelweg.

Der Golz über dem Weißensee.

Mühlzipf
Hotel Ronacherfels 932
Naggl
Ronacherfels
1631
Tschöllankofel
Kleine Steinwa
Nagglerhof 952
Naggl
961
Paterzipf
Paterzipf
Steinwand 931
Lakawand
1000
EU-Monument Wegweiser für Morgen
Mühlgraben
Rupitschgraben
1289
Lacklgraben
Almbach
Jhtt. Alpl 1107
Tschisch
1500
Geißrücken
1572
adersdorfer Ochsenalm 1523
03
Großboden 1806
Ascherbodengraben
Geißrücken
Weißengraben
Hermago Bod
1231
04
Kohlröslhütte 1534
5
St. Lorenzer Kuhalm
Sattelköpfe 1684
Schwarze Wand
Schwarzwand
1400
910
Golz 2004
05
Satteltal
0 500 m
Radniger Alm 1554
Dürrenkofel

ZUR HERMAGORER BODENALM

Glasgeschichte hinter dem grünen Riesen

12 km | 3:00 h | 300 hm | 300 hm | 60

START | Ortsee am östlichen Ende des Weißensees (932 m), Parkplatz (Zufahrt von Stockenboi).
[GPS: UTM Zone 33 x: 378.700 m y: 5.172.938 m]
CHARAKTER | Einfache Tal- und Almwanderung auf Neben- und Forststraßen. Rückkehr mit dem Linienschiff (www.weissensee-schifffahrt.at).

Die Hermagorer Bodenalm wurde, so verrät ihre Website, im Jahre 1928 erbaut und ist von Anfang Mai bis Mitte Oktober für die Wanderer geöffnet. In dieser Zeit grasen dort etwa 30 Milchkühe und 10 Stück Jungvieh. Die hochwertige Milch wird direkt vor Ort zu Käse und Butter verarbeitet; angeboten werden aber auch hausgemachter Speck und andere Spezialitäten. Grund genug also, diesem wunderbaren Platz im Süden der mächtigen und dicht bewaldeten Laka einen Besuch abzustatten. Es gibt in ihrer Nähe aber auch noch etwas sehr Interessantes zu erleben: Im Bodental wurde zwischen 1630 und 1879 Glas hergestellt. An diese fast vergessene Episode der Kärntner Geschichte erinnern dort mehrere Stationen des Themenweges „Dem Waldglas auf der Spur“.

Vom Parkplatz in **Ortsee** **01** spazieren Sie auf dem ebenen Radweg neben der Stockenboier Landesstraße 20 Minuten talauswärts, also nach Osten. Gegenüber dem Mößlacherhof zweigt

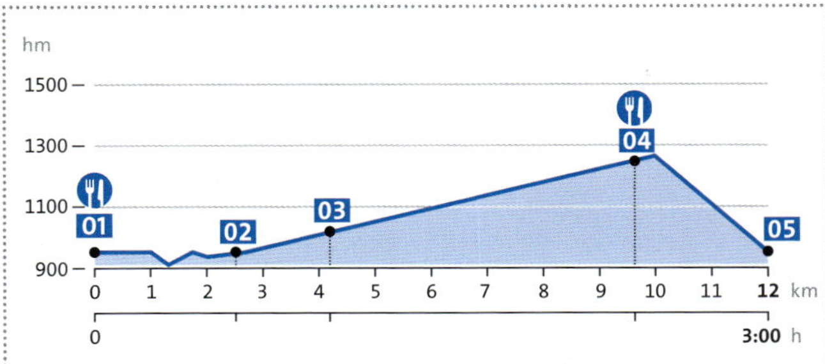

01 Ortsee, 932 m; **02** Farchtensee-Landesstraße, 900 m; **03** Weißenbach, 996 m; **04** Hermagorer Bodenalm, 1231 m; **05** Paterzipf, 930 m

Über dem Sattel nahe der Bodenalm erhebt sich der Spitzegel.

rechts der Weg Nr. 27 ab, der über eine kleine Waldanhöhe zur etwa 700 m entfernten **Farchtensee-Landesstraße** 02 (900 m) führt.

Auf dem Asphaltbelag marschieren Sie rechts ins bewaldete Tal des Tscherniheimer Bachs hinein. Nach 1,5 km passieren Sie einen Bauernhof. 200 m danach erreichen Sie den Weiler **Weißenbach** 03 (949 m), wo Sie rechts auf die Forststraße zur Fischeralm abbiegen.

Der lange, aber nur moderat ansteigende Weg durch das Bodental führt neben dem Tscherniheimer Bach durch die Wälder und Wiesen im Süden der Laka zur

Jausenstation Fischeralm (1065 m) und zur Kapelle in Tscherniheim, wo nur noch eine Tafel an die Existenz des einstigen Glasbläserdorfes erinnert. Von dort sind es noch ca. 45 Minuten bis zur **Hermagorer Bodenalm** **04** (1231 m).

Vom nahen Almsattel (1231 m) geht's auf der Forststraße in etwa 1 Stunde neben dem munteren Almbach zum Weißensee hinab. Am **Paterzipf** **05** (930 m) legt das Linienschiff an, das Sie nach **Ortsee** **01** zurückbringt.

Mit dem Schiff geht's zurück.

Blick vom Paterzipf über Techendorf bis zu den Lienzer Dolomiten.

DURCHS GITSCHTAL

Unterwegs im „Zwischenreich"

10 km | 2:45h | 100 hm | 100 hm | 60

START | Weißbriach (801 m), Parkmöglichkeit und Bushaltestelle im Ort.
[GPS: UTM Zone 33 x: 366.497 m y: 5.171.989 m]
CHARAKTER | Einfache Talwanderung auf Schotterstraßen und markierten Wegen.

Stärkung im Gitschtal.

Das Gitschtal ist ein 15 km langer Seitenast des Gailtals, das sich in nordwestlicher Richtung zum Kreuzbergsattel hin erstreckt. Sein ungefähr 1 km breiter Talboden, der von der Gössering durchflossen wird, lädt zu unbeschwerten Spaziergängen und Wanderungen ein. In Weißbriach sind zudem das Heimat- und das Schmiedemuseum sehr sehenswert, während das örtliche Erlebnisbad Erfrischung an heißen Sommertagen verspricht.

In **Weißbriach** 01 gehen Sie zum Friedhof vor der etwas abseits stehenden evangelischen Kirche. Dort

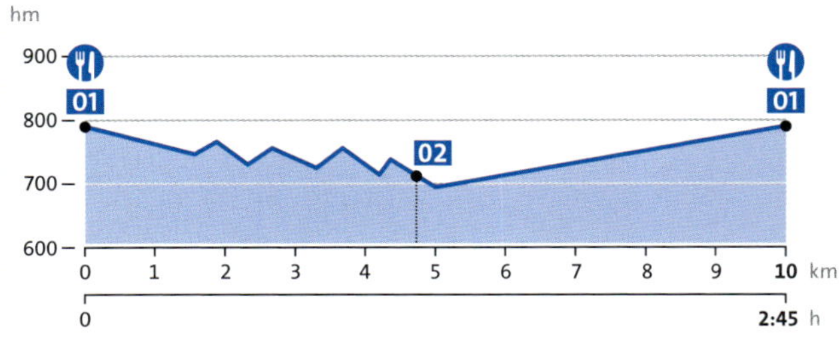

01 Weißbriach, 801 m; 02 St. Lorenzen im Gitschtal, 742 m

Die Kirche von St. Lorenzen im Gitschtal.

biegen Sie rechts ab und wandern auf dem Fahrweg (Nr. 1) etwa 2 km talauswärts zur weitum beliebten Jausenstation Stoffelbauer. Weiter geht es auf der Forststraße dem Waldrand entlang und über den Roßmannbichl zur Einmündung des Gamitzbachs – hier hat der Sturm im Sommer 2017 besonders gewütet. Bei der gleich darauffolgenden Weggabelung bleiben Sie links und erreichen so das Dorf **St. Lorenzen im Gitschtal** 02 (742 m). Auch hier steht die Kirche am nördlichen Ortsrand, von dem Sie rechts in die Dorfmitte kommen.

Dort zweigen Sie rechts ab, gehen zur Orts-Zufahrtsstraße und folgen dieser etwa 200 nach links. Nach der Gösseringbrücke schwenken Sie rechts auf den mit der Nr. 1 beschilderten Rad- und Wanderweg Richtung Weißbriach ein. Dann wandern Sie mitten im Gitschtal zum Ausgangspunkt zurück, vorbei an Wiesen mit kleinen Moorresten. Nach 2,5 km wird eine Nebenstraße überquert. Neben dem Bach kommen Sie zu Tennisplätzen und schließlich zu den ersten Häusern von **Weißbriach** 01. Rechts geht's ins Dorfzentrum zurück.

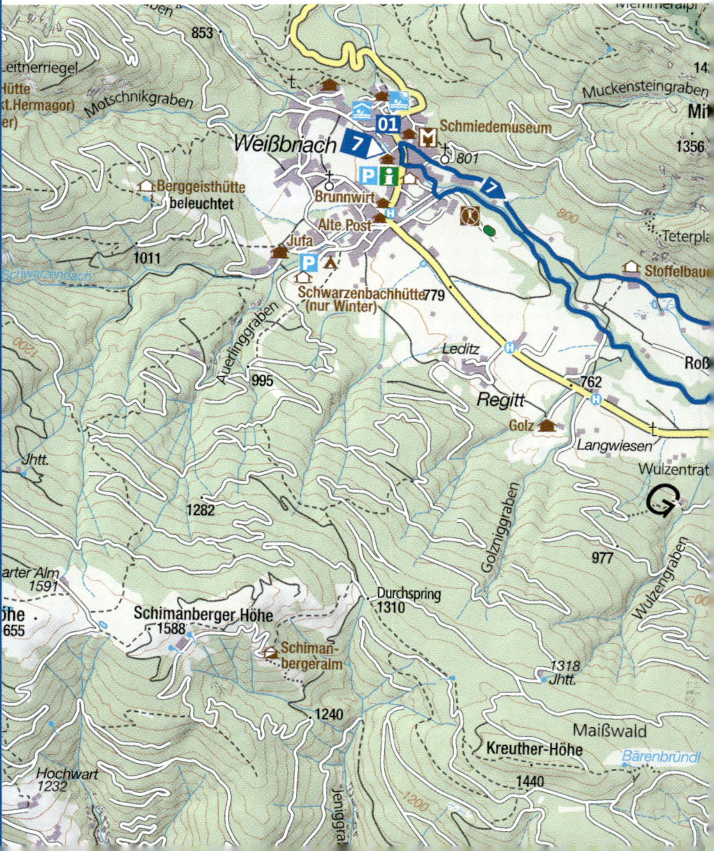

Der Reißkofel ragt über dem Gitschtal empor.

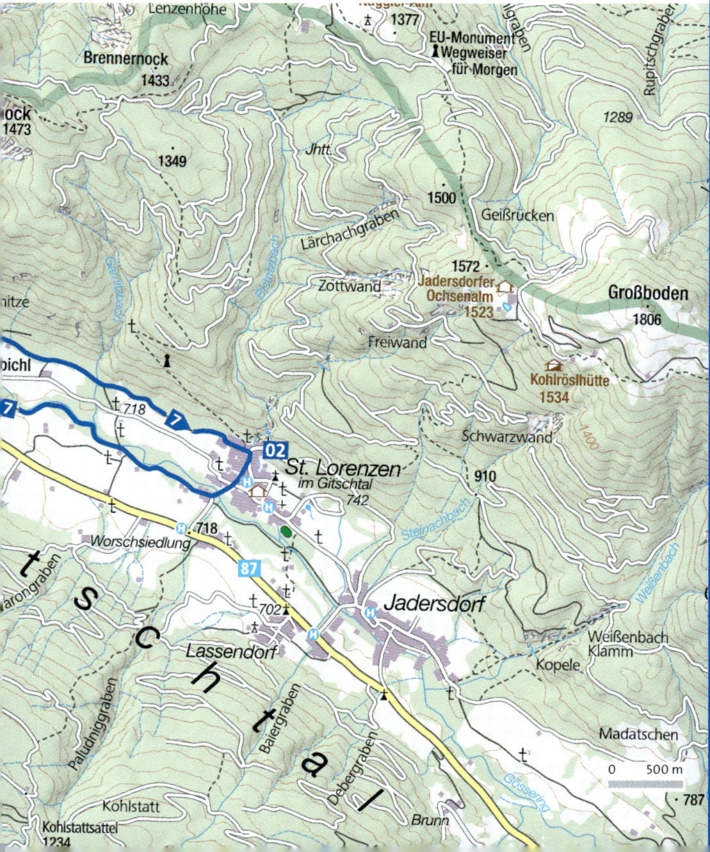

RUND UM DEN PRESSEGGER SEE

Ein Weg der Gegensätze

6 km | 1:30 h | 60 hm | 60 hm | 60

START | Pressegger See (570 m), Strandbad Hermagor am Nordufer (Parkplatz, Bushaltestelle).
[GPS: UTM Zone 33 x: 380.428 m y: 5.165.365 m]
CHARAKTER | Einfache See-Umrundung auf Wegen und wenig befahrenen Nebenstraßen.

Der 55 Hektar große Pressegger See östlich von Hermagor ist eines der wärmsten Badeparadiese Kärntens. Er ist eigentlich nur der Rest eines viel größeren Wasserbeckens, das die Gletscher der letzten Eiszeit aus dem Untergrund geschliffen haben. Seine einstige Ausdehnung lässt sich noch an der Größe seines Schilfgürtels erahnen. Dieses unberührte und stille Naturparadies ist das Highlight der hier vorgesellten Seeumrundung, die am viel lebhafteren Nordufer des Pressegger Sees beginnt.

▶ Vom **Strandbad Hermagor** 01 gehen Sie zur nahen Landesstraße und folgen dieser auf dem Gehsteig nach rechts (Osten), vorbei am Zeitwirtshaus, dem 1. Kärntner Erlebnispark und dem **Hotel Kärntnerhof** 02. Vor dem Bahnübergang biegen Sie rechts ab. Kurz darauf wenden Sie sich wieder nach links und gehen an weiteren Strandbädern (Seestubn) vorbei. Gleich nach einer Linkskurve zweigen Sie vor der Bahnlinie rechts ab und schlendern neben Häusern und der spätgotischen Filialkirche St. Ruprecht 500 m bis zur nächsten Abzweigung. Von dort gelangen Sie rechts auf dem Seerundweg (Nr. 73) in den größten Schilfgürtel des Landes. Eine

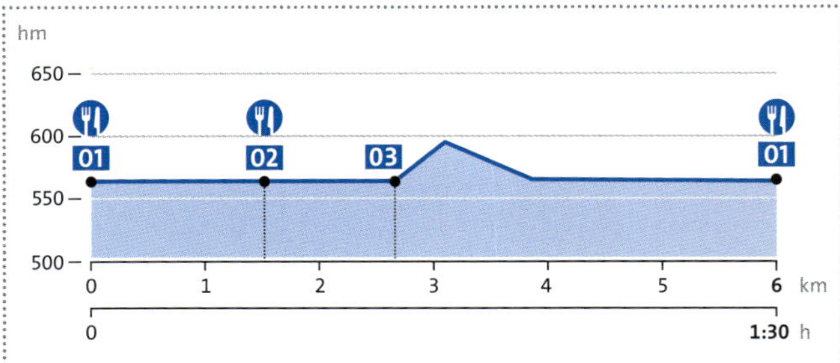

01 Strandbad, 570 m; 02 Hotel Kärntnerhof, 570 m; 03 Paßriach, 570 m

Brücke führt über den Seebach, dann geht's zu den Häusern des Weilers **Paßriach** **03** (570 m).

Ein steiler Asphaltweg führt links zur Straße hinauf, der Sie ein paar Schritte nach rechts folgen. Dann geht's rechts zum Südufer hinab. Durch Waldhänge und vorbei am einstigen Hotel Seerose kommen Sie zum westlichen Rand des Sees. Kurz danach biegen Sie rechts ab und wandern wieder durch unberührte Schilfbestände nach Norden. Schließlich erreichen Sie die Landessstraße, neben der ein Gehsteig rechts zum nahen **Strandbad Hermagor** **01** führt.

Die Südwestecke des Sees.

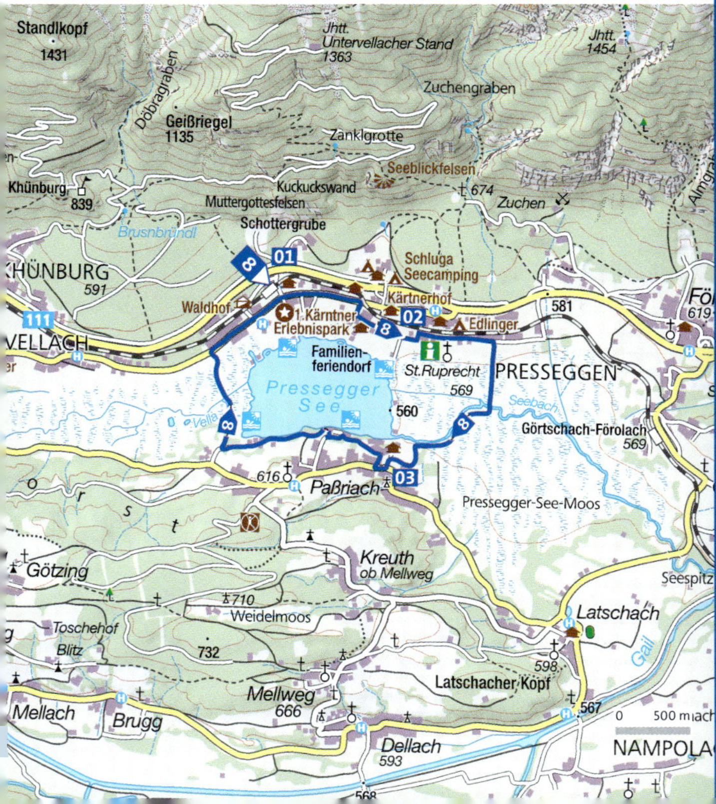

SPITZEGEL • 2119 m

Pfeilsteil über die Südseite

20 km | 7:00 h | 1520 hm | 1520 hm | 60

START | Obervellach (610 m) östlich von Hermagor.
[GPS: UTM Zone 33 x: 377.130 m y: 5.165.732 m]
CHARAKTER | Anspruchsvolle Bergtour auf einem alpinen Pfad durch abschüssiges Felsgelände, der Trittsicherheit und Schwindelfreiheit erfordert.

Im Norden des Pressegger Sees zieht der Spitzegel alle Blicke auf sich. Sein wirklich spitzer Gipfel thront auf einem mächtigen Bergmassiv, dessen Südhänge im Sommer Schweißvergießen verheißen. Trotz seiner Länge lohnt sich der Aufstieg ungemein, denn bei guter Sicht tut sich dort oben ein fantastisches Rundum-Panorama auf. Weil der Berg so unübersehbar ist, wurde er sogar einmal politisch missbraucht: Ebenso fanatische wie klettergewandte Nationalsozialisten malten schon im Jahre 1934 ein 5 m großes Hakenkreuz auf seine südseitigen Gipfelfelsen, das bald darauf Austrofaschisten zu ihrem Symbol, dem „Kruckenkreuz", umgestalteten. Irgendwann kamen dann die Nazis nochmals hinauf und machten daraus ein Fenster, das bis in die 1960er-Jahre weithin zu sehen war. Gottseidank ist der Spitzegel heute wieder ein Berg für alle Menschen – und ein Ort der Hoffnung, die Zeiten des Terrors mögen für immer vorbei sein.

▶ Von **Obervellach** **01** gehen Sie auf der Asphaltstraße bergauf, am oberen Ortsrand rechts über den Vellacher Bach und weiter taleinwärts Richtung Radning. Kurz nach

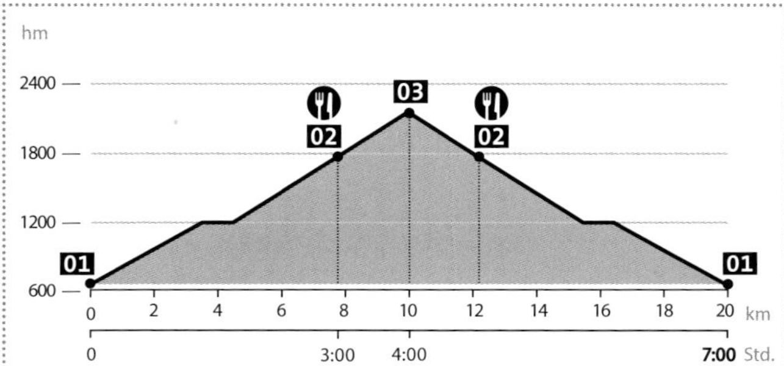

01 Obervellach, 610 m; **02** Laudinzenhütte, 1677 m; **03** Spitzegel, 2119 m

dem obersten Haus zweigen Sie im Wald rechts auf den Weg Nr. 248 ab. Damit beginnt der schier endlose Aufstieg durch steile, südseitige Waldhänge. Die gut markierte Route quert bzw. folgt dabei mehrmals Forststraßen. So kommen Sie links an der Hohen Wand vorbei zu einer Forststraße, die vom Pressegger See über die Khünburg heraufführt. Auf dieser steigen Sie nun links bis zum Obervellacher Stand (1180 m) an. Ein paar Kehren oberhalb dieser aufgelassenen Weide quert man die Schneeriesen, einen felsigen Graben, der direkt vom Spitzegel herabzieht. Ein kurzes Stück weiter biegen Sie rechts ab, passieren bald darauf eine nur zeitweise sprudelnde Quelle und erreichen eine Lichtung mit einer Jagdhütte. Auf einem Forstweg erreichen Sie schließlich nach etwa 3 Stunden die **Laudinzenhütte** **02** (1676 m) auf der Obervellacher Alm, die im Sommer einfach bewirtschaftet wird. Damit stehen Sie auf dem Bergrücken, der vom Golz zum Spitzegel zieht.

Nun geht's nach rechts und auf dem Pfad Nr. 229 über den mit Latschen bewachsenen Kamm zum Gipfel hinauf. Zuletzt würzt eine ausgesetzte Rinne im schräg geschichteten Fels den Aufstieg, der nach gut 1 Stunde beim Kreuz auf dem **Spitzegel** **03** (2119 m) endet. Bei klarer Luft erblickt man von dort u. a. den Weißensee und den Pressegger See, den Reißkofel und die Karnischen Alpen, den Dobratsch und die Hohen Tauern.

Abstieg auf der gleichen Route in etwa 3 Stunden.

DURCH DIE GARNITZENKLAMM

Ein Schluchterlebnis in vier Akten

9 km | 5:00 h | 500 hm | 500 hm | 60

START | Parkplatz Garnitzenklamm (625 m); beschilderte Zufahrt von Möderndorf (2,5 km südlich von Hermagor).
[GPS: UTM Zone 33 x: 374.589 m y: 5.162.034 m]
CHARAKTER | Großartige Schluchtdurchquerung auf einem stellenweise ausgesetzten und gesicherten Felspfad mit Holzstegen und Brücken (Trittsicherheit und Schwindelfreiheit erforderlich); beim Rückweg begeht man eine Forststraße und steile Waldpfade. Bei Nässe können einige Wegsabschnitte recht rutschig werden. Bei Schneelage, Unwettern und nach starken Regenfällen ist die Begehung des Klammsteigs nicht möglich. Offiziell geöffnet ist die Garnitzenklamm zwischen Juni und September, davor und danach kann man je nach den Verhältnissen auf eigene Gefahr hineingehen (www.garnitzenklamm.at).

Südlich von Hermagor verbirgt sich in den Karnischen Alpen eines der größten Naturwunder Kärntens: die Garnitzenklamm. Am Ende der letzten Eiszeit floss viel mehr Wasser als heute von den abschmelzenden Gletschern ins Gailtal. Der Garnitzenbach transportierte auch riesige Mengen von Schutt mit sich und fräste damit entlang einer geologischen Störungslinie eine 4 km lange und bis zu 250 m tiefe Schlucht aus dem Gestein. Ihr unterster Abschnitt wurde 1891 von der Alpenvereinssektion Hermagor mit

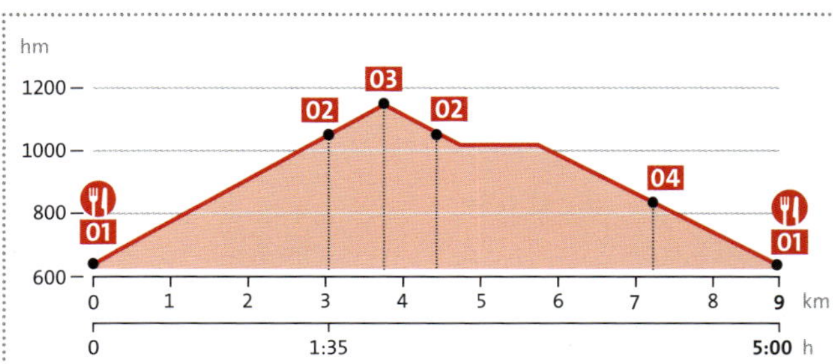

01 Klammeingang, 625 m; 02 Forststraße, 985 m; 03 Klause, 1120 m;
04 Kirchlein St. Urban, 879 m

Der größte Wasserfall rauscht im ersten Schluchtabschnitt.

Stegen und ausgesprengten Wegtrassen zugänglich gemacht – und schon neun Jahre später war die gesamte Garnitzenklamm begehbar. Heute ist der Schluchtweg ein hochinteressanter Geo-Trail. Im Frühsommer finden botanisch Interessierte hier etliche mediterrane Gewächse, aber auch alpine Pflanzen wie die Alpenrose oder den Türkenbund, die im kühlen Mikroklima der Schlucht auch auf geringerer Seehöhe gut gedeihen. Hochwasser und Muren bringen jedoch bis heute Verwüstungen mit sich; immer wieder müssen zerstörte Brücken erneuert und weggeschwemmte Teile des Schluchtweges mühevoll renoviert werden. Das sollte man stets bedenken, wenn man neben den zahlreichen Wasserfällen und durch die Engstellen der Klamm wandert – und den Erhaltungsbeitrag auch dann in die Kassa werfen, wenn die Hütte am Klammeingang einmal nicht besetzt ist.

Auf dem gesicherten Pfad gelangt man in den engsten Klammbereich.

Beim **Klammeingang** 01 nahe dem **Klammwirt** wird ein geringer Erhaltungsbetrag für den Klammsteig entrichtet; dort erhält man auch einen informativen Folder über die Stationen der Garnitzenklamm. Dann geht's auf dem gut angelegten Steig über Brücken und Stege in die Klamm hinein. Das erste Highlight bildet die Idawarte, von der man den größten Wasserfall der Schlucht betrachten kann. Rechts darüber erhebt sich eine hohe, eigenartig geschichtete Felswand, auf deren Schneide Sie später zurückwandern werden. Unten im Talgrund erreichen Sie eine Brücke, die nach etwa 45 Minuten Gehzeit das Ende des ersten Schluchtabschnitts anzeigt – dort donnert der Garnitzenbach zwischen auffällig gefärbten Felsen zu Tal. Von der nahen Franzenswarte aus sind ausgewaschene Strudeltöpfe im Gestein zu sehen. Nach 50 Minuten erreichen Sie das Ende des zweiten Schluchtabschnitts, in dem die Felsen wieder nah zusammengetreten sind. Dort musste der Schluchtpfad hoch über dem tosenden Wildwasser aus dem Gestein gehauen werden. Nach der Querung von Bergsturz-Schutt könnte man rechts über eine Brücke zum Urbani-Kirchlein wandern – der dritte Schluchtabschnitt führt jedoch geradeaus neben dem Bach weiter. Er ist in 45 Minuten zu durchwandern. An seinem Beginn gewährt eine kleine Holzhütte im Notfall Schutz. In diesem Bereich sorgen Bäume und bemooste Felsen für ein besonders romantisches Ambiente. Danach erleichtern Kettten, Stahlseile und Stege das Vordringen in den engsten Bereich der Klamm.

Oberhalb eines Wasserfalls erreichen Sie die Brücke einer **Forststraße 02** (985 m), auf der Sie später zurückwandern können.

Davor sollten Sie noch den vierten und wildesten Schluchtabschnitt besuchen. Dort ist der Felspfad sehr ausgesetzt und oft rutschig, doch die Eindrücke in diesem Wasserinferno werden unvergesslich bleiben. Nach ungefähr 30 Minuten stehen Sie vor der **Klause 03**, einer großen Mauer der Wildbachverbauung. Von dort führt ein Pfad zur Kühweger Alm und weiter zum Nassfeld hinauf – Schluchtenwanderer drehen jedoch spätestens dort um und kraxeln durch den vierten Schluchtabschnitt wieder bis zur **Forststraße 02** (985 m) hinunter.

Im Inneren des gotischen Kirchleins St. Urban.

Auf ihrer Schottertrasse wandern Sie nun nach links (Wegweiser „St. Urbani – Kirche, Garnitzenklamm – Eingang"). Nach einer Gabelung (rechts bleiben) tut sich bald ein gewaltiger Tiefblick in die Schlucht auf. Oberhalb davon tritt der Gartnerkofel ins Bild, nach zwei Straßenkehren erscheinen auch das St.-Urban-Kirchlein und der Spitzegel über dem Gailtal. Nach ungefähr 40 Minuten zweigt man rechts auf den Waldpfad Richtung „Garnitzenklamm-Eingang, St. Urbani-Kirche" ab, der bald eine mit Stahlseilen gesicherte Felspassage aufweist. Nach 10 Minuten gelangt man rechts zum **Kirchlein St. Urban** **04** (879 m) hinauf. Das kleine Heiligtum birgt schöne gotische Wandmalereien, während Schwindelfreie ein paar Meter weiter oben, auf der grasbewachsenen und licht bewaldeten Schneide der bereits erwähnten Felswand, den atemberaubenden Tiefblick zum größten Wasserfall der Garnitzenklamm wagen können. Bitte lassen Sie dort große Vorsicht walten, denn die überhängende Wand bricht 250 m tief ab.

Von der Kirche führt der beschilderte Pfad durch sehr steile Waldhänge bis ins Tal hinunter. Dort gehen Sie auf einem Forstweg nach rechts zur Asphaltstraße, auf der Sie in wenigen Minuten taleinwärts wieder zum **Klammeingang** **01** kommen.

Neben dem Heiligtum zeigt sich die Klamm in ihrer wilden Schönheit.

RUND UM DEN GARNITZENBERG

Skipisten und Kriegswege

10 km | 4:30 h | 550 hm | 550 hm | 60

START | Nassfeldpass (1530 m), Zufahrt von Tröpolach im Gailtal, Parkplätze im Bereich des Grenzübergangs.
[GPS: UTM Zone 33 x: 367.886 m y: 5.157.745 m]
CHARAKTER | Alm- und Bergwanderung auf Schotterstraßen und markierten Wegen. Gültigen Reisepass mitnehmen!

Das Nassfeld im Herzen der Karnischen hat sich zu einem bedeutenden Skigebiet entwickelt. Abseits der Lifte und Pisten kann man jedoch immer noch das einstige Almleben erahnen – am besten auf dieser grenzüberschreitenden Rundtour.

Auf der österreichischen Seite des **Nassfeldpasses** 01 zweigt vor dem Grenzübergang eine schmale Asphaltstraße ab, die nach Osten – Richtung Gartnerkofel – ansteigt. Auf dieser wandern Sie an der Gedächtniskapelle vorbei zu einer Gabelung, von der Sie rechts weitergehen. Nach 450 m zweigen Sie rechts auf eine Schotterstraße ab, die in Kehren und dann durch die licht bewaldeten Nordhänge des Garnitzenbergs emporzieht. Nach 1 Stunde haben Sie das **Garnitzentörl** 02 (1856 m) im Skigebiet am Fuß des Gartnerkofels erreicht. Man kann auf der Asphaltstraße auch bis zum Gasthof Plattner weitergehen – von dort führt ein Wanderweg über Skipisten herauf.

Jenseits des Törls zieht die Schotterstraße in Kehren zu einem Beschneiungsteich hinab – man kann aber auch rechts neben der Skipis-

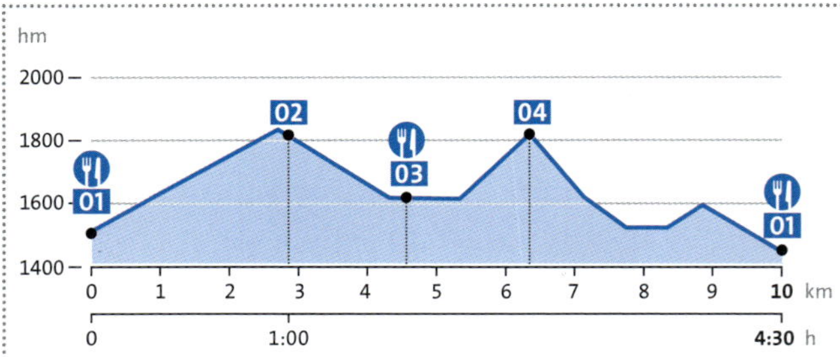

01 Nassfeldpass, 1530 m; 02 Garnitzentörl, 1856 m;
03 Garnitzenalm, 1645 m; 04 Krone/Monte Corona, 1832 m

te dorthin absteigen. Mit Blick zu den zerklüfteten Südabstürzen des Gartnerkofels wandern Sie dann über ein paar weitere Straßenkehren hinab zur **Garnitzenalm** 03 (1645 m), die im Sommer bewirtschaftet ist.

Weiter geht's auf dem nun schmaleren Fahrweg unter dem Sessellift durch, über die Skipiste und Staatsgrenze, die Sie im 1 km entfernten Garnitzensattel (1674 m) erreichen. Von dort schlängelt sich links – auf der österreichischen Nordseite – ein Pfad auf die aussichtsreiche Wiesenhochfläche der **Krone/Monte Corona** 04 (1832 m).

Man kann nun auf der italienischen Seite nach Süden absteigen. Der Pfad wendet sich bald nach rechts und führt unter Bäumen zur Malga For/Ofenalm (1614 m). Bei Nebel ist diese Route nicht leicht zu finden – in diesem Fall sollte man zum Garnitzensattel zurück-

Die Gedenkkapelle am Nassfeld.

kehren und links über einige Kehren südwärts absteigen, bis ein Fahrweg zu den Almhütten führt. Von dort geht's auf einer Schotterstraße zu einer nahen Abzweigung hinab und rechts (Nr. 504) weiter. Der Fahrweg, der auf die Zeit des Ersten Weltkriegs zurückgeht, führt im sanften Auf und Ab durch die Waldhänge und Almwiesen im Süden des Garnitzenbergs zur Auernigalm und weiter bis zum **Nassfeldpass** 01.

12

GARTNERKOFEL • 2195 m

Der bleiche Berg über dem Nassfeld

5 km | 3:30 h | 570 hm | 570 hm | 60

START | Parkplatz bei der Watschinger Alm (1620 m) oder schon kurz vorher beim Alpenhotel Plattner; beschilderte Zufahrt vom Nassfeldpass (siehe Tour 11).
[GPS: UTM Zone 33 x: 368.600 m y: 5.158.318 m]
CHARAKTER | Aussichtsreiche Bergtour auf gut markierten, im Gipfelbereich jedoch ausgesetzten Pfaden, die Trittsicherheit und Schwindelfreiheit erfordern. Die Tour kann mit der Gartnerkofelbahn um 2 Stunden abgekürzt werden (www.nassfeld.at).

Der Gartnerkofel dominiert den östlichen Almbereich über dem Nassfeldpass. Mit dem Trogkofel/Creta di Aip und dem Roßkofel/Monte Cavallo bildet er ein eindrucksvolles Felstrio am Grenzkamm. Geologisch interessierte Bergsteiger finden dort eine Vielzahl von besonderen Gesteinen, aus denen die Erosion zerschründete Felswände und wilde Türme gezaubert hat. Noch berühmter ist jedoch das Vorkommen der Wulfenia, einer botanischen Erbschaft der Tertiärzeit. Diese eher unscheinbare Pflanze, die von Juni bis Anfang Juli blau blüht, kommt nämlich nur am Fuße des Gartnerkofels vor.

▶ Von der **Watschinger Alm** 01 wandern Sie rechts auf dem Pfad Nr. 410/412 (Wegweiser „Gartnerkofel") durch licht bewaldetes Gelände, unter der Gartnerkofelbahn (Sessellift) durch und über eine Skipiste zu einem Graben, der auf steiniger Trasse überschritten wird.

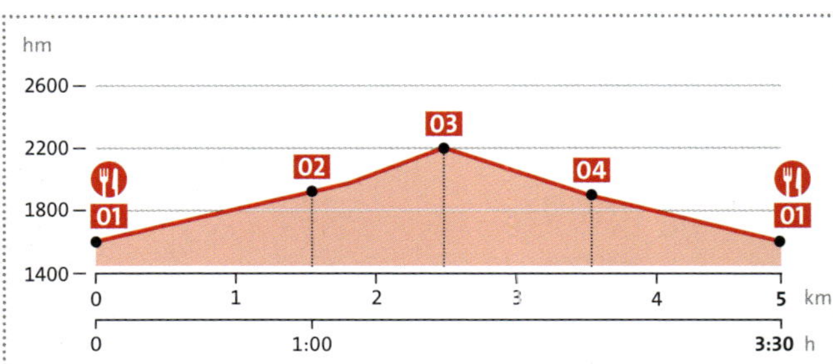

01 Watschinger Alm, 1620 m; 02 Kühweger Törl, 1914 m;
03 Gartnerkofel, 2195 m; 04 Garnitzentörl, 1856 m

Dolomitenfeeling am Gipfel (oben) und Rückblick zum Roßkofel (unten).

Danach gelangen Sie am Rand einer weiteren Skipiste zu einer Gabelung. Von dort zieht der Weg zum Gartnerkofel rechts hinauf – es lohnt sich aber, gemäß der Beschilderung „Kühweger Alm“ links zum felsigen **Kühweger Törl** 02 (1914 m) anzusteigen. Nach 1 Stunde Gehzeit tut sich dort ein überraschender Blick über einen Felsturm ins Gailtal auf. Noch umfassender wird die Aussicht, wenn man links über den Kamm zur Geo-Trail-Station auf dem vorgeschobenen Gipfel der Kammleiten (auch Reppwand genannt, 1998 m) steigt – hin und retour zusätzlich 35 Minuten.

Rechts vom Kühweger Törl setzt der zerklüftete Gartnerkofel-Westgrat an (seine Überschreitung ist eine „schwarze“ Tour im Schwierigkeitsgrad I–II, die nur vollkommen trittsichere und schwindelfreie Bergsteiger ins Auge fassen sollten). Keine großen Probleme verheißt dagegen jener Pfad, der unterhalb davon durch die steilen Gras- und Schutthänge am Fuß der wilden Südwestabstürze

Das Gipfelkreuz auf dem Gartnerkofel.

des Gartnerkofels ansteigt. Auf diesem erreichen Sie nach gut 30 Minuten eine felsige Anhöhe. Dort biegen Sie links ab und folgen dem steinigen Weg Nr. 412, der in eine Karmulde und zu einer weiteren Einsenkung emporzieht (Blick ins Gailtal). Von dort steigen Sie links durch einen steilen, stark von der Erosion gezeichneten Gras- und Schrofenhang zum Gipfelkreuz des **Gartnerkofels** 03 (2195 m) hinauf.

Der Kärntner Bodensee

Die Straße von Tröpolach zum Nassfeld führt direkt am kleinen Bodensee (1107 m) vorbei. In seinem smaragdgrünen Wasser liegen viele Baumstämme, die fast ein wenig an Krokodile erinnern. Geht man von seinem Ufer noch 10 Minuten nach Osten durch den Wald weiter, dann steht man vor einem zweiten, kaum bekannten Wasserwunder: dem „Verlorenen See“.

Die Rundsicht über die Bergwelt zwischen dem Gail- und dem Kanaltal ist zu Recht weitum berühmt – im Norden sieht man den Pressegger See und im Süden an ganz klaren Tagen sogar die Adria.

Der Abstieg erfolgt auf der Aufstiegsroute. Auf der Anhöhe unter den Südwestabstürzen des Gartnerkofels wenden Sie sich jedoch nach links (Wegweiser „Garnitzen Alm") und gehen neben der FIS-Sesselbahn über eine steile Schotterpiste zur Bergstation der Gartnerkofelbahn hinunter. Auf einem Fahrweg erreichen Sie das nahe **Garnitzentörl** 04 (1856 m).

Dort biegen Sie dann rechts ab und kehren auf dem beschilderten Wanderweg neben der Familienabfahrtspiste zur **Watschinger Alm** 01 zurück.

POLUDNIG • 1999 m

Über dem Almdorf

10,5 km | 4:00 h | 650 hm | 650 hm | 60

START | Parkplatz vor der Egger Alm (1380 m); Zufahrt von Möderndorf (2,5 km südlich von Hermagor) zur Garnitzenklamm und dann links auf einer sehr schmalen Asphaltstraße durch steile Waldhänge (Wanderbus ab Hermagor Juli – Anfang September Montag, Mittwoch und Freitag (Anmeldung am Vortag notwendig, Tel. +43 676 83103600).
[GPS: UTM Zone 33 x: 375.487 m y: 5.160.595 m]
CHARAKTER | Landschaftlich sehr schöne Bergwanderung auf Forststraßen und stellenweise steilen und „wurzelreichen“ Pfaden. Gültigen Reisepass mitnehmen!

Der östliche Bereich der Karnischen Alpen weist etliche Almberge auf. An ihrem Fuß verbergen sich Almdörfer wie die Dellacher Alm mit rund 40 Hütten. Sogar einen kleinen See gibt es dort (wenngleich er in heißen Sommern oft austrocknet). Der darüber aufragende Poludnig lockt natürlich immer als aussichtsreiches Wanderziel.

Vom **Parkplatz** 01 gehen Sie auf der Asphaltstraße 400 m zu den Hütten der **Egger Alm** 02 (1420 m, Gasthaus „Zum Rudi“). Von dort führt eine Forststraße rechts mit der Markierung Nr. 483 (Wegweiser „Schlosshütte, Poludnig“) über die Wiese und durch licht bewaldetes Gelände zur 30 Minuten entfernten Wiesensenke des **Schlosshüttensattel** 03 (1453 m).

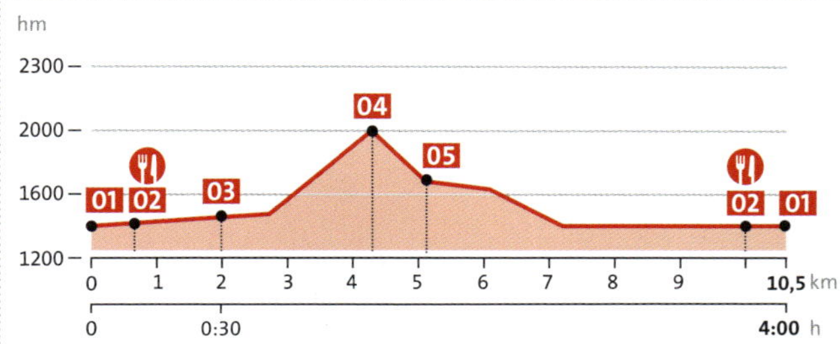

01 Parkplatz, 1318 m; 02 Egger Alm, 1420 m; 03 Schlosshüttensattel, 1453 m; 04 Poludnig, 1999 m; 05 Poludniger Alm, 1708 m

Die zauberhafte Egger Alm am Fuße des Poludnig.

Der Gipfelaufstieg beginnt jenseits der italienischen Staatsgrenze bei einer Lärche, von der ein Pfad links durch eine steile Waldschneise emporzieht. Nach 1 Stunde erreichen Sie die Waldgrenze und wandern durch die von Schrofen durchsetzte Nordflanke aufwärts. Eine Abzweigung zur Poludniger Alm bleibt unbeachtet. Über den Wiesenkamm erreichen Sie das Kreuz auf dem **Poludnig** 04 (1999 m). Schön ist der Blick zur Dellacher Alm; manchmal sieht man sogar den Großglockner.

Nach der Gipfelrast geht's über den Ostrücken zur **Poludniger Alm** 05 (1708 m, Jausenstation) hinunter. Knapp unterhalb davon biegen sie von der Zufahrtsstraße scharf links auf einen Pfad ab. Dieser wurde mit roten Punkten markiert und führt zu einem nahen Forstweg, dem Sie durch die Waldhänge bis zum Egger-Alm-See (1399 m) hinab folgen. Auf der Asphaltstraße kommen Sie zuletzt links zur nahen **Egger Alm** 02 und zum **Parkplatz** 01 zurück.

RUND UM DEN OISTERNIG

„Grenzenlos unterwegs“ im Osten der Karnischen Alpen

9,7 km | 3:30 h | 550 hm | 550 hm | 64

START | Dolinzaalm (1459 m), Zufahrt von Vorderberg im Gailtal auf einer schmalen und abschnittsweise sehr stark ansteigenden Asphaltstraße (mit zwei Schotterpassagen) durch steile Waldhänge. [GPS: UTM Zone 33 x: 387.025 m y: 5.158.333 m]
CHARAKTER | Schöne Alm- und Waldwanderung auf Forststraßen und gut markierten Waldpfaden. Gültigen Reisepass mitnehmen!

Der Oisternig – ein runder Almbuckel – ist der östlichste „Zweitausender“ der Karnischen Alpen. Seine Umrundung erweist sich als grenzüberschreitendes Wandervergnügen, bei dem man unterwegs gleich an drei Stellen mit regionalen Köstlichkeiten gestärkt und verwöhnt wird.

▶ Vom **Gasthaus Starhand** auf der **Dolinzaalm** 01 gehen Sie auf der Forststraße Richtung „Werbutzalm“ (Nr. 477) zum Waldrand hinauf und wandern nach einer Kurve oberhalb der Hütten weiter. Die Markierung führt Sie über eine kleine Anhöhe zu den Weideflächen im Norden des Oisternig. Danach endet die Straße im Wald. Ein Pfad bildet die Verbindung zu einer weiteren Schotterstraße, der Sie von einer Abzweigung nach rechts folgen. Von der folgenden Gabelung kommen Sie links zur Werbutzalm (1440 m). Beim Wegkreuz vor den Hütten zweigen Sie auf die rechte Straße ab, die Sie im sanften Anstieg zum einstigen Zollhaus auf der sogenannten **Unteren Alm** 02 (1496 m) führt.

Nun wenden Sie sich nach rechts und wandern auf der Schotter-

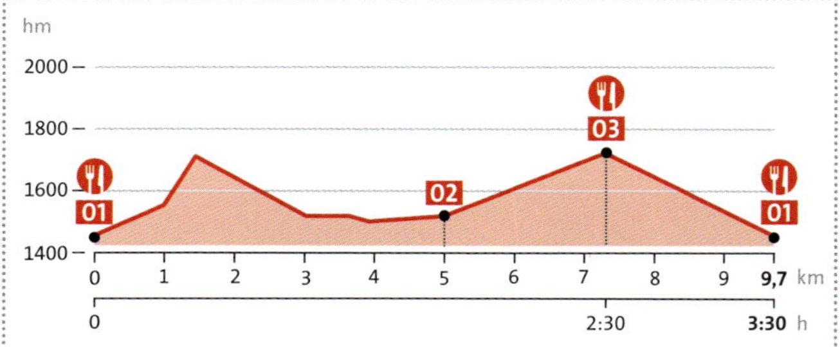

01 Dolinzaalm, 1459 m; 02 Untere Alm, 1496 m; 03 Feistritzer Alm, 1718 m

Sommerblumenschmuck (Lupine) vor der Kulisse der Julischen Alpen.

straße (Nr. 477, Teilstück des Südalpenweges 403) unter den Südosthängen des Oisternigs erst durch Wald und dann am Rand von Wiesen zur **Feistritzer Alm** 03 (1718 m) hinauf. Nach 2 Stunden und 30 Minuten empfiehlt sich dort eine Einkehr in der Schutzhütte; man kann sogar übernachten.

Auch die 15 Minuten für den Abstecher nach Süden zur Kapelle Maria Schnee lohnen sich. In der Folge überschreiten Sie die italienische Grenze und folgen dem Südalpenweg 403 im sanften Abstieg nach Westen in den Wald. Der breite, aber stellenweise recht ausgewaschene Weg führt über einem Graben zu einer Abzweigung, von der man links zum nahen Rifugio Nordio-Deffar gelangt. Rechts geht's dagegen auf einem schmalen Pfad zum Lomsattel, über den Sie wieder nach Österreich und damit zur **Dolinzaalm** 01 kommen.

RUND UM DAS GÖRTSCHACHER MOOS

Zwischen Fluss und Berg

12 km | 3:15 h | 30 hm | 30 hm | 64

START | Vorderberg (565 m), 3 km südlich von St. Stefan im Gailtal. [GPS: UTM Zone 33 x: 386.823 m y: 5.161.315 m]
CHARAKTER | Ebene Talwanderung für die ganze Familie auf Forststraßen und Uferwegen.

3 km südöstlich des Pressegger Sees befand sich im Gailtal ein ausgedehntes Niedermoor. Dort findet man heute eines der größten noch zusammenhängenden Feuchtwiesengebiete Kärntens, das als Natura-2000-Gebiet geschützt ist.

Nach dem Start bei der Pfarrkirche in **Vorderberg** 01 gehen Sie neben dem Vorderberger Wildbach 800 m nach Süden zu einer Abzweigung am Fuß der Berge. Von dort lohnt sich links der kurze Abstecher zur Wallfahrtskirche „Maria im Graben" (die wilde Vorderberger Klamm, die gleich dahinter beginnt, ist nach oftmaligen Hochwasserschäden leider nicht mehr begehbar). Der Weg um das Görtschacher Moos führt dagegen rechts weg (Markierung Nr. 13, Marienpilgerweg). Er verläuft ungefähr 5 km lang am südlichen Rand des Talbodens, wo sich der zentrale Bereich des Niedermoores befindet. Alte Gräben weisen auf Versuche zur Trockenlegung der Feuchtwiesen hin, doch die Natur erholt sich wieder langsam. Zuletzt führt der Fahrweg durch Wald in die kleine Ortschaft **Nampolach** 02 (567 m).

Dort zweigen Sie rechts ab und gehen zur nahen Bogenbrücke über

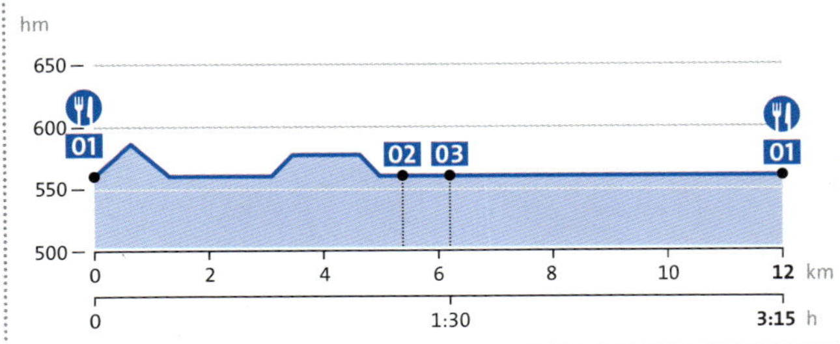

01 Vorderberg, 565 m; 02 Nampolach, 567 m;
03 Görtschacher Gailbrücke, 563 m

So naturbelassen wie hier zeigt sich das Gailtal nur an wenigen Stellen.

die Gail. Direkt davor biegen Sie nochmals rechts ab und wandern dann auf dem Weg Nr. 13, auf dem auch viele Radfahrer unterwegs sind, dem begradigten Fluss entlang. Nach etwa 1 km kommen Sie an einem Rastplatz für Bootsfahrer vorbei. Kurz danach erreichen Sie die **Görtschacher Gailbrücke** 03 (563 m). Gehzeit 1 ½ Stunden.

Dort biegen Sie rechts ab, wenden sich vor der Hochspannungsleitung wieder nach links und wandern bald an einer Kläranlage vorbei. Zwischen den extensiv genutzten Wiesen im Norden des riesigen Görtschacher Mooses kommen Sie wieder nach **Vorderberg** 01 zurück. An heißen Tagen lockt dort zuletzt ein Besuch des Naturbades.

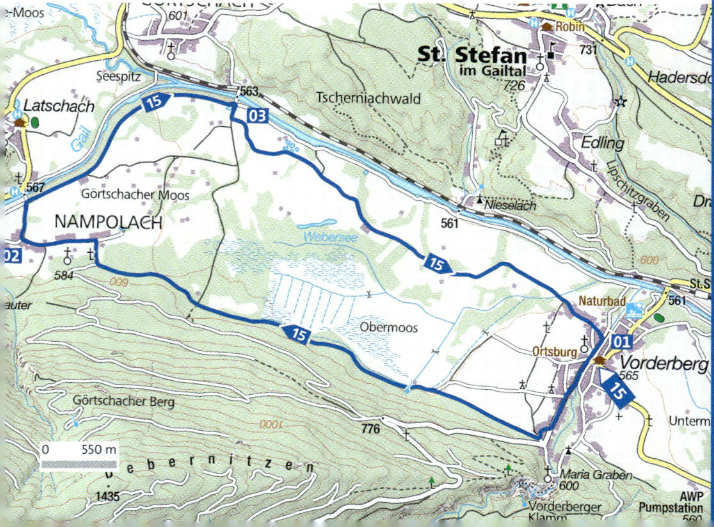

ZUR GOLDECKHÜTTE

Abstieg vom Aussichtsberg

6 km | 1:45 h | 100 hm | 510 hm | 64

START | Spittal an der Drau (560 m), Talstation der Goldeck-Bergbahn (https://sportberg-goldeck.com); Auffahrt mit der Gondel zur Bergstation (2050 m), Talfahrt von der Mittelstation (1640 m). [GPS: UTM Zone 33 x: 382.185 m y: 5.179.796 m]
CHARAKTER | Kurzer Gipfelanstieg, Grat-Übergang und Bergab-Wanderung auf gut markierten, aber stellenweise felsigen Pfaden, die Trittsicherheit erfordern.

Das Goldeck, der 2142 m hohe Hausberg von Spittal an der Drau, ist eines der beliebtesten Kärntner Ausflugsziele. Von unten erkennt man den Berg gleich an seinem Sendemasten. Oben bietet sich an schönen Tagen eine Rundsicht von den Julischen und den Karnischen Alpen bis zum Großglockner und zur Hochalmspitze in den Hohen Tauern. Das Highlight ist natürlich der Tiefblick auf die Stadt an seinem Fuß und zum Millstätter See, der sich in seiner gesamten Ausdehnung zeigt.

Nach der Auffahrt zur **Bergstation der Goldeck-Bergbahn** 01 (Restaurant) gehen Sie auf einem Fahrweg (oder links auf einem steileren Abkürzungspfad) zur Panorama-Alm und links zum nahen Gipfelkreuz neben dem Sender auf dem Goldeck (2142 m). Nach der Aussichtspause folgen Sie dem Schild „Martennock, Goldeckhütte“ und steigen auf dem Pfad Nr. 281/210 über den anfangs felsigen Ostgrat ab. Von einer Scharte gelangen Sie links durch die steile Nordflanke einer Kuppe zu einer

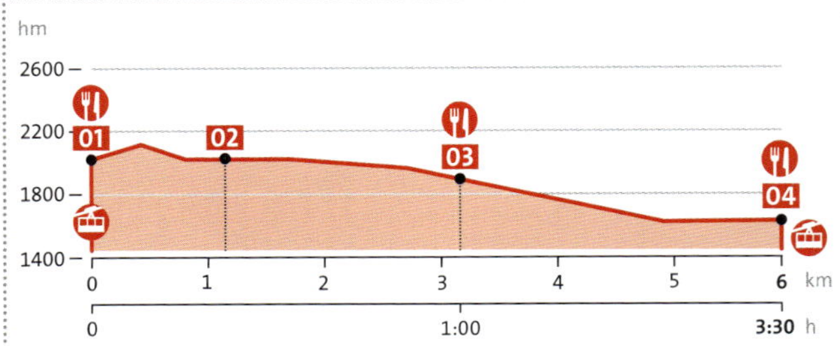

01 Bergstation der Goldeck-Bergbahn, 2050 m; 02 Martennock, 2039 m; 03 Goldeckhütte, 1929 m; 02 Mittelstation der Goldeck-Bergbahn, 1640 m

Sendemast und Stadtblick – Impressionen vom Goldeckgipfel.

Abzweigung. Von dort könnte man links direkt zur Goldeckhütte absteigen – schöner ist jedoch der rechte Pfad, der wieder auf den breiten Grasrücken führt. Über diesen gelangen Sie links auf einem Fahrweg zum 12 m hohen Kreuz der Bergwacht auf dem **Martennock** 02 (2039 m). Nach 30 Minuten Gehzeit genießen Sie auch von dort eine großartige Sicht über das Drautal und den Millstätter See bis zu den Nockbergen – der Rummel hält sich jedoch meist in Grenzen.

30 Minuten Gehzeit nimmt auch der Abstieg zur herrlich gelegenen **Goldeckhütte** 03 (1929 m) in Anspruch. Dazu geht man 400 m zurück und schwenkt dann rechts auf den teils steinigen Pfad Nr. 210 über den Nordrücken ein. Der weitere Abstiegsweg führt über den Moschenriegel (1862 m) und links durch Waldhänge ins weite Kar unter dem Goldeck. Dort geht's unter der Seilbahn durch ins Dorf Goldeck, von dem man rechts zur **Mittelstation der Goldeck-Bergbahn** 03 (1640 m) gelangt.

Der Martennock über dem MillstätterSee (oben) und die Goldeckhütte.

GUSENHÜTTE – KAPELLERALM

Idylle unterm Goldeck

9 km | 2:45 h | 500 hm | 500 hm | 64

START | Parkplatz Seetal (1883 m) am Ende der 14 km langen, mautpflichtigen Goldeck-Panoramastraße, die in Zlan zwischen Spittal an der Drau und Paternion beginnt (www.goldeck-panoramastrasse.at).
[GPS: UTM Zone 33 x: 382.466 m y: 5.178.731 m]
CHARAKTER | Landschaftlich sehr schöne Bergwanderung auf Schotterstraßen und gut markierten Bergpfaden.

Das Goldeck ist der nördliche Eckpunkt der Latschschurgruppe, die sich bis zum Weißensee erstreckt. Vor den felsigen Hauptgipfeln dieses Berggebiets liegen liebliche Almwiesen, die im Frühsommer mit zahllosen Blüten geschmückt sind. Wirklich golden zeigt sich das Goldeck dagegen im Herbst, wenn seine Lärchenhaine in allen Gelb- und Ockertönen erstrahlen. Die hier vorgestellte Rundwanderung, die auch mit ausgezeichneten Einkehrstationen punktet, führt mitten durch dieses kleine Paradies.

Vom **Parkplatz Seetal** 01 gehen Sie 400 m auf der Mautstraße zurück und zweigen dann links auf einen Fahrweg ab. Dieser schlängelt sich in Kehren durch den Grashang zum weitum sichtbaren Sender auf dem **Goldeck** 02 (2142 m) empor. Knapp 1 Stunde nach dem Start genießen Sie vom Gipfelkreuz eine fantastische Aussicht (siehe Tour 16).

Bei der nahen Panorama-Alm biegen Sie links ab, gehen auf einem Fahrweg zu einer Liftstation und

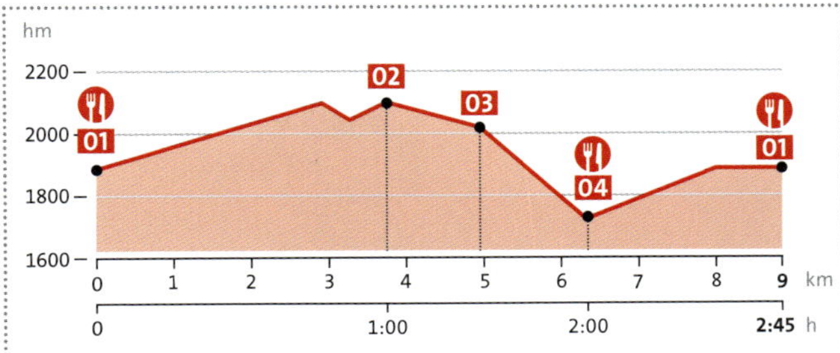

01 Parkplatz Seetal, 1883 m; 02 Goldeck, 2142 m; 03 Thörl, 1990 m; 04 Gusenhütte, 1740 m

Goldeck-Rückblick vom Seetalnock.

erklimmen davor links auf einem kurzen, steilen Pfad die Graskuppe des Seetalnocks (2130 m). Jenseits steigen Sie ins **Thörl** 03 (1990 m) ab.

Der Weg, der von dieser Senke links Richtung Kapelleralm hinabzieht, bleibt unbeachtet, denn Sie folgen dem rechts weiterführenden Pfad zur Gusenalm, der rechts um den Gaisplattenspitz (2054 m) herumführt. Er wendet sich nach einem Waldstück nach links und zieht über einen Wiesenhang zur **Gusenhütte** 04 (1740 m) hinab. Die Lage dieser Jausenstation unter den charakteristisch gebankten Felsabstürzen des Staffs velockt ebenso zur Einkehr wie das Angebot an heimischen Almprodukten. Gehzeit ab Goldeck 1 Stunde.

Der Rückweg erfolgt am besten auf dem Pfad Nr. 286, der direkt hinter der Hütte durch das schütter bewaldete Gelände unter dem Gaisplattenspitz zur benachbarten Kapelleralm (1854 m) führt. Auch in dieser urigen Hütte wird man mit hausgemachten Köstlichkeiten zur Rast eingeladen. Zuletzt wandern Sie auf dem Fahrweg zum **Parkplatz Seetal** 01 zurück.

Eindrücke dieser Wanderung: Almrauschblüte auf der Gusenalm (oben) und die östlichen Karnischen Alpen hinter dem Staff (unten).

STAFF • 2217 m

Felsig, aber freundlich

12,5 km | 5:30 h | 830 hm | 830 hm | 64

START | Parkplatz Seetal (1883 m), siehe Tour 17.
[GPS: UTM Zone 33 x: 382.521 m y: 5.178.733 m]
CHARAKTER | Sehr aussichtsreiche Bergtour auf Schotterstraßen und gut markierten Bergpfaden.

Der östliche Eckpfeiler der Latschurgruppe ist ein Berg wie aus dem Bilderbuch – schroff und felsig inmitten grüner Almgebiete, nicht allzu schwierig zu ersteigen und an Tagen mit klarer Luft eine wahre Aussichtsloge.

▶ Vom **Parkplatz Seetal** 01 gehen Sie auf der Almstraße (Schranke) unter den Hängen des Seetalnocks zur nahen Kappelleralm (1854 m). Weiter geht's auf dem Wanderweg Nr. 286 weiter zur **Gusenhütte** 02 (1740 m), wo Sie nach etwa 1 Stunde (und etwa 150 m Höhenverlust, der beim Rückweg wieder „ausgeglichen" werden muss) ankommen. Schon dort genießen Sie eine instruktive Sicht zu den Felsflanken des Staffs, dem Sie auf der Route Nr. 210 entgegenwandern.

Nach einem kurzen Abstieg folgen Sie nun rechts der Almstraße in die Gusenscharte (1709m), wobei der links abzweigende Weg nach Stockenboi unbeachtet bleibt. Bald darauf folgen Sie dem Weg Nr. 210 links zum Fuß der Wandabstürze. Dort spazieren Sie flach über Wiesen, durch lichten Wald und zu einer steinigen Weide, wo Sie bei zwei Abzweigungen links bleiben. So kommen sie in einen Graben zwischen dem Staff und der Eckwand, durch die Sie zu einem Wiesenboden ansteigen. Links Rich-

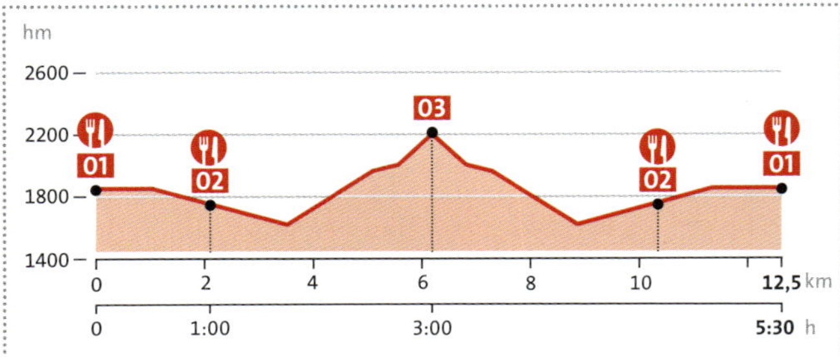

01 Parkplatz Seetal, 1883 m; 02 Gusenhütte, 1740 m; 03 Staff, 2217 m

tung Staff abbiegend geht's dann steil empor und über einen kleinen Felsaufschwung zum Karsattel (2002 m). Damit haben Sie den Graskamm des Staffs erreicht – der letzte Anstieg folgt ihm nach links und führt bald durch die Hänge unter dem Mitterstaff zu einem weiteren Sattel, in dem das tiefe „Staffloch" klafft. Über den Gipfelkamm bzw. rechts daneben kommen Sie nach weiteren 2 Stunden ab der Gusenhütte zum Gipfelkreuz auf dem **Staff** 03 (2217 m), von dem sich ein großartiges Panorama auftut (Goldeck und Nockberge, Hochalmspitze, Ankogel und Sonnblick, Latschur und Eckwand, Gailtaler, Karnische und Julische Alpen).

Abstieg wie Aufstieg.

Der Staff über der Kapelleralm.

MILLSTÄTTER SEE – SÜDUFERWEG

Die stille Seeseite

13 km | 3:30 h | 150 hm | 150 hm | 63

START | Seeboden (590 m) am Westufer des Millstätter Sees; Parkplatz bei der Tennisanlage an der Seeparkstraße südlich des Seebach-Abflusses (hinter dem Park und dem Seehotel Steiner). [GPS: UTM Zone 33 x: 386.005 m y: 5.185.630 m]
CHARAKTER | Lange, aber landschaftlich sehr schöne Uferwanderung auf Nebenstraßen und markierten Wegen. Rückfahrt von Döbriach (oder eventuell auch schon vorher) mit dem Schiff (www.millstaettersee-schifffahrt.at).

Der 12 km lange und bis zu 2 km breite Millstätter See ist die wasserreichste „Badewanne“ in Kärnten; er fasst 1176 Millionen Kubikmeter des kühlen Nasses. Mit einer Fläche von 13,3 km² nimmt er im Land den zweiten Platz ein, in Bezug auf seine tiefste Stelle (141 m) ist er unangefochtener Sieger. Diese befindet sich vor seinem dicht bewaldeten und daher weitgehend unberührten Südufer – nahe dem Gasthof Laggerhof –, das man auf einem Uferweg erwandern kann. Diese Route ist wunderschön und erschließt die stillere Seite des Sees. Dort kann man natürlich auch an etlichen Stellen baden – aufgrund seines Wasserreichtums bleibt die Temperatur des Millstätter Sees bis in den Herbst hinein recht stabil und kühlt nur langsam ab.

Am Südufer des Millstätter Sees in **Seeboden** **01** wandern Sie zunächst zur Schiffsanlegestelle Steiner und auf dem Süduferweg (Nr. 2) etwa 800 m durch eine Sied-

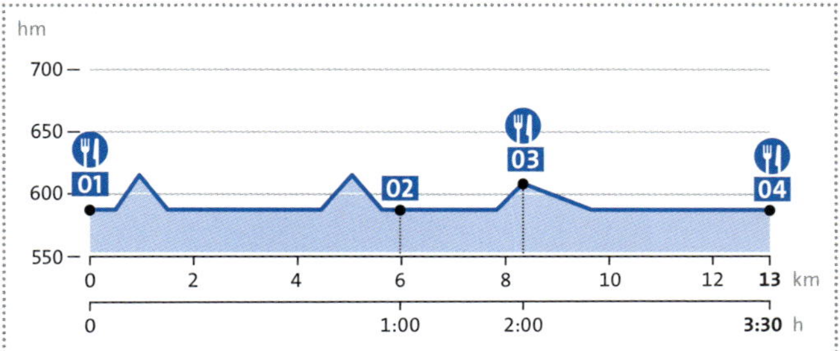

01 Seeboden, 590 m; **02** Strandbad Spittal, 590 m;
03 Gasthof Laggerhof, 619 m; **04** Döbriach, 590 m;

Der Blick über den See zum Stift Millstatt.

lung. Dann zweigen Sie links zur Fischervilla ab und umgehen das Gebäude auf der rechten Seite. Danach geht's auf dem schmalen Pfad direkt am Wasser zum 4 km entfernten **Strandbad Spittal** **02** (590 m, Schiffsanlegestelle). Schon während der ersten Wanderstunde genießen Sie einen schönen Blick über den See und zur darüber aufragenden Millstätter Alpe.

Vorbei am nahen Freizeitheim Schlossvilla folgen Sie kurz einer Asphaltstraße. Dann wandern Sie 1 Stunde durch Wald und vorbei an kleinen Buchten zum **Gasthof Laggerhof** **03** (619 m, Schiffsanlegestelle).

Der dritte Abschnitt des südlichen Uferweges führt dann durch den wunderschönen Zedern- und den Buchenwald bis zum Beginn der Ortschaft **Döbriach** **04** (590 m), die am Ostende des Millstätter Sees liegt. Von der dortigen Schiffsanlegestelle kommen Sie auf dem „Seeweg" zum Ausgangspunkt in **Seeboden** **01** zurück.

Lichtimpressionen über dem Millstätter See.

ZUM EGELSEE

Ein Naturjuwel am Millstätter See

6,8 km | 2:00 h | 70 hm | 70 hm | 63

START | Gasthof Lug ins Land (730 m); 3 km lange Zufahrt von Molzbichl zwischen Spittal an der Drau und Ferndorf (Autobahnausfahrt Spittal/Drau Ost Richtung Villach). [GPS: UTM Zone 33 x: 389.919 m y: 5.181.844 m]
CHARAKTER | Kurze Waldwanderung auf Forststraßen und Wegen.

Der 9,35 ha große und 1991 unter Naturschutz gestellte Egelsee (der früher „Ecksee" genannt wurde) liegt in den Wäldern am sogenannten Hochgosch, dem Höhenrücken zwischen dem Südufer des Millstätter Sees und dem Drautal. Wer ihn umwandert, sieht sein schwarzes Wasser nur aus einiger Entfernung, denn er ist von einem unzugänglichen Moor- und Schilfgürtel umgeben. Dort befinden sich auch sanft schaukelnde Schwingrasen, die man natürlich nicht betreten darf. Am Südufer ermöglichen jedoch Holzstege einen Sprung ins kühle Nass, das die Sonne im Sommer bis auf 28 °C erwärmt.

Vom **Gasthof Lug ins Land** 01 führt eine markierte Forststraße in Kehren zum 1,5 km entfernten **Egelsee** 02 (772 m). Unterwegs könnte man rechts einen Abstecher zum Aussichtspunkt „Lug ins Land" einlegen (816 m, Blick ins Drautal, 20 Minuten zusätzlich). Steiler, aber schattiger als die Straße ist der beschilderte, für den am abfließenden Bach etliche Stationen angelegt wurden.

Von der Straßengabelung gelangt man rechts nach wenigen Metern zu einigen Stufen, die links zu einem Rast- und Badeplatz direkt am Seeufer hinabführen.

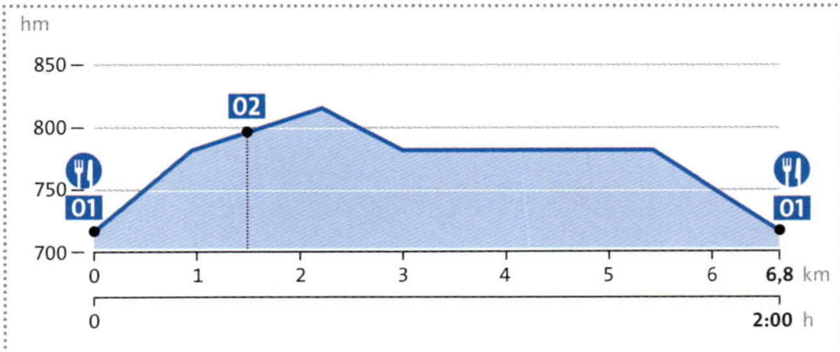

01 Gasthof Lug ins Land, 730 m; 02 Egelsee, 772 m

Das vielleicht schwärzeste der Kärntner Wasserwunder ist der Egelsee.

Wer den See umwandern möchte, folgt der Beschilderung „Seeboden, Egelsee Höhenweg“ links auf der Forststraße durch das kuppige Waldgelände. Nach etwa 900 m – kurz hinter einer Lichtung – zweigt man am Fuß des Hochgoschs nach rechts ab (Markierung Nr. 1, 23). Gleich nochmals rechts abbiegend folgt man dann einem Forstweg, der in einiger Entfernung am Egelsee-Nordufer vorbeiführt. Nach ca. 1,5 km erreicht man wieder eine Abzweigung, bei der man den Schildern „Egelsee, Lug ins Land“ nach rechts folgt. Auch von der bald darauf erreichten Kreuzung geht's rechts gemäß dieser Beschilderung weiter. Vorbei an einer weiteren Abzweigung zum Aussichtspunkt „Lug ins Land“ kommen Sie schließlich wieder zum Badeplatz am Südufer des Egelsees und zur Zugangsroute. Auf dieser marschieren Sie links zum **Gasthof Lug ins Land** **01** zurück.

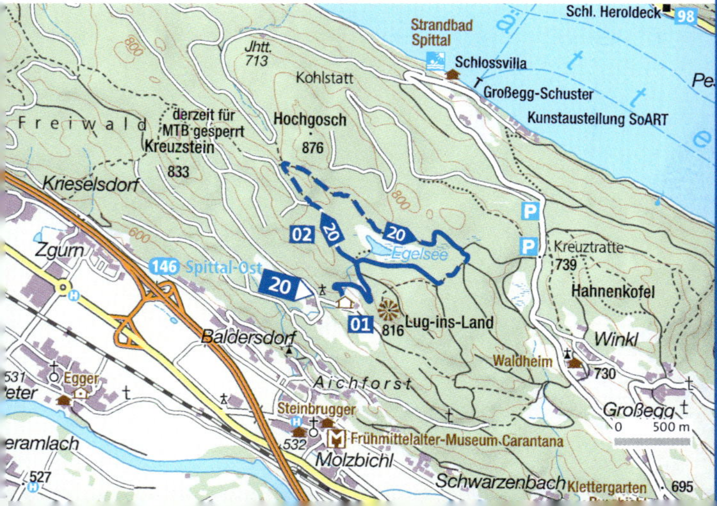

DER DOMITIAN PILGERWEG

Auf den Spuren des „Millstätter Heiligen“

15,8 km | 6:00 h | 320 hm | 320 hm | 63

START | Millstatt (611 m), Domitian-Statue im Schillerpark am Ufer des Millstätter Sees nahe der Mündung des Riegerbachs.
[GPS: UTM Zone 33 x: 390.875 m y: 5.184.190 m]
CHARAKTER | Landschaftlich sehr schöne Tal- und Höhenwanderung auf Nebenstraßen und markierten Wald- und Wiesenwegen.

Der slawische Herzog Domitian, der Karantanien an der Wende vom 8. zum 9. Jahrhundert regierte, gilt als der Gründer von Millstatt. Die romanische Stiftskirche, die an der Stelle eines heidnischen Heiligtums stehen soll, wurde zu seiner letzten Ruhestätte. Er wurde schon früh als Heiliger verehrt und zog viele Pilger an. In dieser Tradition steht auch der Domitianweg, der sechs sakrale Denkmäler miteinander verbindet – von der Domitian-Statue am Ausgangspunkt über die Pfarrkirche Obermillstatt bis zur Wallfahrtskirche Maria Schnee in Matzelsdorf. Unterwegs geben ausgewählte Psalmen auf schön gestalteten Tafeln den Wanderern einige Denkanstöße. Schöne Ausblicke zum See und auf seine Berge gibt's obendrein!

▶ Im Seewasser vor dem Schillerpark in **Millstatt** 01 steht eine Metallstatue des heiligen Domitian – das ist ihr Startpunkt. Hinauf zur Kaiser-Franz-Josef-Straße, der man ein paar Schritte nach links folgt. Dann biegt man rechts in die Überfuhrgasse ab und geht neben der Volksschule zur Mirnockstra-

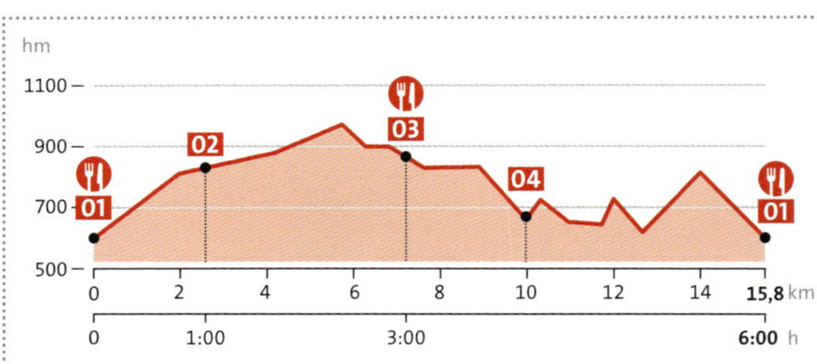

01 Millstatt, 611 m; 02 Obermillstatt, 857 m); 03 Matzelsdorf, 848 m; 04 Dellach, 619 m

Die Stiftskirche von Millstatt ist das Ziel des Domitian Pilgerweges.

ße, auf der man kurz nach links zur Kalvarienbergstraße gelangt. Auf dieser geht's rechts zum Silbernagelkreuz hinauf. Dort biegen Sie rechts auf die Obermillstätter Straße ab, folgen aber gleich darauf den braunen Schildern der ersten Teilstrecke des Domitian Pilgerweges zum bemerkenswerten spätbarocken Kreuzweg, der – die Straße querend – zur Kalvarienbergkapelle führt. Rechts an der Siedlung Kleindombra vorbei und durch Waldabschnitte kommen Sie nach gut 1 Stunde Gehzeit hinauf nach **Obermillstatt** 02 (857 m), wo die Pfarrkirche zum heiligen Johannes dem Täufer zu einem Besuch einlädt.

Die zweite, blau bezeichnete Teilstrecke (2 Stunden Gehzeit) führt nun über das aussichtsreiche Plateau oberhalb des Millstätter Sees nach Osten, in die Ortschaft Lammersdorf. Durch die benachbarten Weiler Görtschach und Sappl und vorbei am Campingplatz Gauglerhof führt er zur Wallfahrtskirche Maria Schnee in **Matzelsdorf** 03 (848 m).

Auf der dritten Teilstrecke (grün markiert, anfangs Nr. 76) wandern Sie vom Restaurant Matzelsdorfer Hof nach Süden zum Matzelsdorfer Kreuz, überqueren dort eine Straße und folgen einem Güterweg zur nächsten Abzweigung.

Von dort geht's rechts zu den letzten Häusern und dann auf einem Waldweg bergab zu einer Kurve der Obermillstätter Landesstraße, der Sie kurz talwärts folgen. Bald wieder rechts abzweigend durchqueren Sie die Waldhänge oberhalb von **Dellach** **04** (619 m). Wer will, kann hier zum See ab- und aufs Schiff umsteigen.

Der Pilgerweg steigt zuletzt nochmals etwas an. Dann marschieren Sie schließlich durch den Weittalwald zum oberen Ortsrand von Pesenthein hinab. Oberhalb des Schlosses Heroldeck führt der Pilgerweg zum Hohen Kreuz, einem schön bemalten Bildstock aus der Zeit um 1500, und wieder nach **Millstatt** **01** zurück.

Rätselhafte romanische Steinmetzkunst im Kreuzgang der Stiftskirche.

TSCHIERNOCK • 2088 m
HOCHPALFENNOCK • 2099 m

Zwischen See und Gletschereis

8 km | 3:00 h | 500 hm | 500 hm | 63

START | Sommereggerhütte (Alpengasthof Sommeregger, 1698 m); Zufahrt von Seeboden über Treffling und auf der asphaltierten, mautpflichtigen Tschiernock-Panoramastraße (Mai – Oktober). [GPS: UTM Zone 33 x: 390.693 m y: 5.189.854 m]
CHARAKTER | Sehr aussichtsreiche Bergwanderung auf Almstraßen und markierten Wald-, Alm- und Höhenwegen.

Die alpine Kulisse über dem Millstätter See bildet ein 10 km langer, wald- und wiesengrüner, aber bis über 2100 m Seehöhe aufragender Kamm, der mehrere Gipfelkuppen trägt. Sein westlicher Eckpunkt ist der Tschiernock, der an Tagen mit klarer Luft nicht nur einen fantastischen Rundblick von den Nockbergen bis zu den Julischen Alpen bietet, sondern auch eine prachtvolle Sicht zur Hochalmspitze, die im Nordwesten die angrenzenden Hohen Tauern dominiert. Traditionell bewirtschaftete Almen und zwei sehr gute Gasthöfe machen einen Besuch dieser Bergregion auch in kulinarischer Hinsicht interessant. Aus dem Füllhorn empfehlenswerter Wanderziele sei hier eine Rundtour empfohlen, die von der Sommereggerhütte bis zum Hochpalfennock dem Alpe Adria Trail folgt.

▶ Hinter der **Sommereggerhütte** 01 beginnt der breite Jagasteig (Nr. 1), der über eine Wiese in den

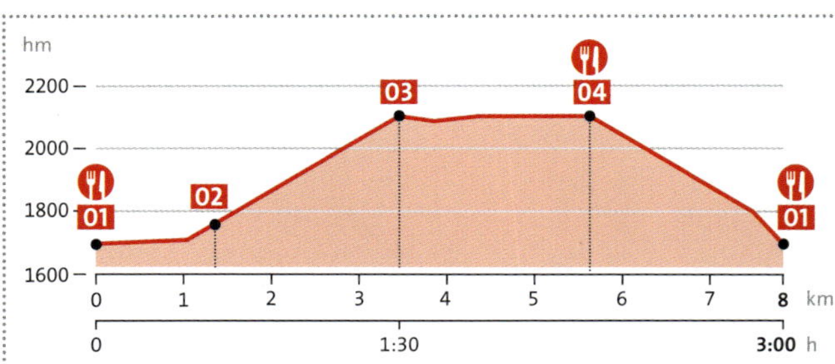

01 Sommereggerhütte, 1698 m; 02 Hansbauerhütte, 1680 m; 03 Tschiernock, 2088 m; 04 Hochpalfennock, 2099 m

Auf dem Hochpalfennock (oben) sind auch Federnelken zu finden.

Der Blick vom Tschiernock zur Hochalmspitze ist wirklich eindrucksvoll –

Wald und dann ziemlich flach zu einer Ferienhaussiedlung führt. Dort erreichen Sie eine Almstraße, auf der man links zur 3 Minuten entfernten **Hansbauerhütte** 02 (1680 m) gelangt.

Rechts schlängelt sich die Almstraße (Nr. 3, auch Abkürzungspfade) durch licht bewaldete Hänge und Weideflächen (ehemaliges Liftgebiet) zum von Legenden um die „Hadnischen Leut“ umwobenen Steinernen Tisch hinauf. Kurz oberhalb davon biegen Sie links auf den Weg zum Gamsbrunnen ab. Vorbei an den obersten Bäumchen erreichen Sie den Bergrücken, auf dem die vergletscherte Hochalmspitze höchst eindrucksvoll im Nordwesten ins Bild tritt. Rechts geht's zum Gipfelkreuz auf dem **Tschiernock** 02 (2088 m), das Sie nach 1 ½ Stunden erreichen.

Rechts folgen Sie dem kuppigen und felsigen Kamm nach Südosten. Der Höhenrundwanderweg führt oberhalb der Rabengruben, in dem man ein historisches Bergbaugebiet vermutet, an einigen Abzweigungen vorbei und übers Steinerne Mandl (den höchsten Punkt der Millstätter Alpe, 2108 m) zum **Hochpalfennock** 04 (2099 m), den ebenfalls ein Holzkreuz ziert.

Nun gehen Sie ein paar Schritte auf dem Rücken zurück und zweigen dann links auf einen schmalen Pfad ab, der durch den Grashang zur kleinen, hölzernen Jagahütte hinabzieht. Dort erreichen Sie den quer verlaufenden Weg Nr. 12. Auf dieser Route, die sich gleich verbreitert, gelangen Sie wieder in die Waldregion. Dort führt ein Fahrweg in Kehren zur **Sommereggerhütte** 01 hinab.

allerdings nur solange, bis sie die sommerlichen Wolken verhüllen.

TSCHIERWEGER NOCK • 2010 m

Dreihüttenwanderung mit Pfiff

8 km 3:00 h 520 hm 520 hm 63

START | Schwaigerhütte (1625 m); Zufahrt von Millstatt oder Seeboden über Tschierweg und auf einer 8 km langen, mautpflichtigen, im oberen Bereich geschotterten Almstraße (Mai – Oktober). Almtaxi auf Bestellung (Tel. +43 664 4413183). [GPS: UTM Zone 33 x: 392.993 m y: 5.188.203 m]
CHARAKTER | Sehr aussichtsreiche Bergwanderung auf Almstraßen und markierten Wald-, Wiesen- und Höhenwegen.

Traumhaft schöne Panoramapunkte verspricht die hier vorgeschlagene Wanderroute hoch über dem Millstätter See. Im Frühsommer erblühen die Wiesen rund um die gastliche Alexanderhütte in ganz besonderer Pracht – kein Wunder, dass dort die Idee zu einem „Weg der Liebe“ entstand. Diese geht bekanntlich auch durch den Magen und so führt die Runde an gleich drei Einkehrstationen vorbei. Alleine das ist schon ein guter Grund, nicht nur einmal auf den Tschierweger Nock zu wandern!

▶ Von der **Schwaigerhütte** 01 wandern Sie auf der Schotterstraße mit der Beschilderung „Nockhöhensteig-Rundweg, Alexanderhütte, Tschierwegernock“, Nr. 193) bergauf. Nach 500 m ignorieren Sie den rechts abzweigenden alten Fahrweg zur Millstätter Hütte (auf dem Sie zurückkehren werden). Nach weiteren 200 m biegen

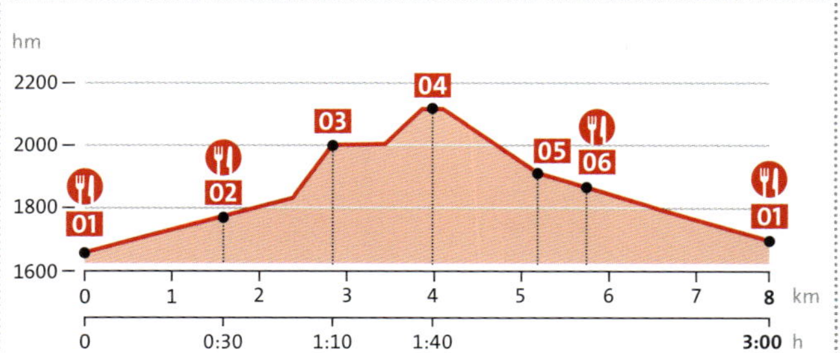

01 Schwaigerhütte, 1625 m; 02 Alexanderhütte, 1788 m; 03 Tschierweger Nock, 2010 m; 04 Hochpalfennock, 2099 m; 05 Millstätter Törl, 1905 m; 06 Millstätter Hütte, 1876 m

Von der Alexanderhütte blickt man direkt zum Millstätter See hinunter.

Sie jedoch links zur **Alexanderhütte** 02 (1788 m) ab. Nach gut 30 Minuten Gehzeit genießen Sie von ihrer Terrasse eine traumhaft schöne Aussicht zum Millstätter See, zu den Gailtaler und den Julischen Alpen. Die Köstlichkeiten aus der hauseigenen Bio-Sennerei sollten Sie unbedingt probieren!

Mit einer großen Tafel, auf der sich schon zahllose verliebte Menschen verewigt haben, beginnt bei der Alexanderhütte der „Weg der Liebe". Sie folgen ihm und dem Schild „Nockhöhensteig, Tschierwegernock" auf der Almstraße noch über drei Kehren aufwärts. Inmitten blütenreicher Wiesen zweigen Sie dann links auf den Nockhöhensteig-Rundweg ab. Er führt auf einen grasigen Rücken, über den Sie rechts nach weiteren 40 Minuten auf den Gipfel des **Tschierweger Nocks** 03 (2010 m) kommen. Sein Kreuz wurde zum Schutz vor dem lieben Vieh mit einem Holzzaun umgeben.

Der Aufstieg zum Hauptkamm der Millstätter Alpe nimmt weitere 30 Minuten in Anspruch. Man wandert auf dem Nockhöhensteig-Rundweg über den breiten, sanft ansteigenden Grasrücken neben einem Zaun empor, vorbei an der Abzweigung Richtung Sommereggerhütte und einer Infostation des Alpe Adria Trails über die neben dem Weg aufgeschichteten „Stoanamandln". Das Kreuz des **Hochpalfennocks** 04 (2099 m, siehe auch Tour 22) steht 150 m weiter links.

Der Abstieg führt dagegen auf dem beschilderten Millstätter See Höhensteig nach rechts (Osten). Auf dem steinigen Pfad wandern Sie über den stellenweise schmaleren Kamm oberhalb der Millstätter Hütte zum **Millstätter Törl** 05 (1905 m) hinab. Dort erreichen Sie eine Almstraße (den sogenannten Kaisersteig), auf der Sie rechts zur 400 m entfernten **Millstätter Hütte** (1876 m) 06 spazieren. Sie ist die älteste und höchstgelegene Unterkunft auf der Millstätter Alpe.

Die Almstraße mit der Beschilderung „Sonnwiesen-Rundweg 193, Schwaigerhütte" gibt nun die weitere Abstiegsrichtung über Weidehänge unterhalb des Schutzhauses vor. Nach 700 m zweigen Sie links auf den alten Fahrweg ab, auf dem Sie die Straßenkehren bis zur **Schwaigerhütte** 01 hinunter abkürzen. Für den Tourenausklang sind dort die weitum gerühmten Kasnudeln zu empfehlen!

Kletzennudeln versüßen die Rast vor der Millstätter Hütte.

Das Kreuz auf dem Tschierweger Nock – mit Blick zu den Gailtaler Alpen.

KAMPLNOCK • 2101 m

Ein „Höhenflug“ über dem See

8 km | 3:00 h | 480 hm ↗ | 480 hm ↘ | 63

START | Schwaigerhütte (1625 m); Zufahrt siehe Tour 23.
[GPS: UTM Zone 33 x: 392.993 m y: 5.188.203 m]
CHARAKTER | Sehr aussichtsreiche Bergwanderung auf Almstraßen und markierten Wald-, Wiesen- und Höhenwegen, die im Gipfelbereich Trittsicherheit erfordern.

Etwa in seiner Mitte trägt der Höhenzug der Millstätter Alpe eine wenig auffällige Kuppe namens Kamplnock. Als „Kampl“ bezeichnen die Einheimischen meist einen felsigen Berg – und tatsächlich zeigt zumindest der Vorgipfel des Kamplnocks ein paar Felszähne. Der Ausblick von oben ist ähnlich wie vom Hochpalfennock (siehe Tour 23). Er reicht von den östlichen Hohen Tauern (Hochalmspitze, Ankogel) über weite Bereiche der Nockberge bis zu den Karawanken und den Julischen Alpen im Südosten. Und natürlich ist auch ein Stück vom Millstätter See zu sehen.

▶ Von der **Schwaigerhütte** 01 wandern Sie so wie bei Tour 23 Richtung Alexanderhütte, zweigen aber nach etwa 500 m rechts auf den alten Fahrweg zur Millstätter Hütte ab. Er mündet weiter oben in eine Almstraße ein, die durch licht bewaldetes Gelände ansteigt. Nach 45 Minuten haben Sie die aussichtsreich gelegene **Millstätter Hütte** 02 (1876 m) erreicht.

Nun folgen Sie der Beschilderung „Kaisersteig, Kamplnock“ (Nr. 194). Der Fahrweg führt zum 10 Minuten entfernten Almkreuz am **Millstätter Törl** 03 (1905 m).

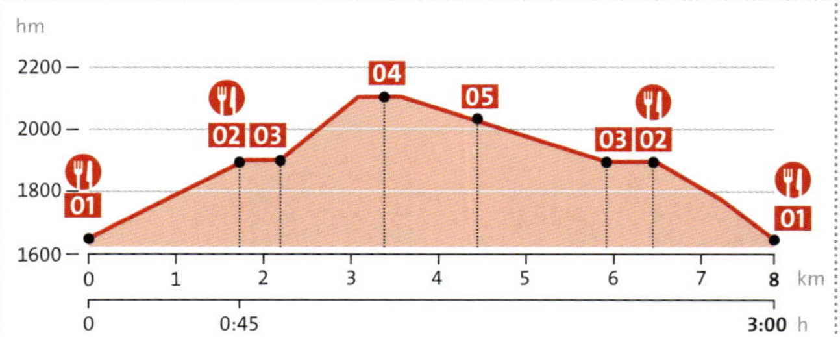

01 Schwaigerhütte, 1625 m; 02 Millstätter Hütte, 1876 m;
03 Millstätter Törl, 1905 m; 04 Kamplnock, 2101 m; 05 Grünes Törl, 2020 m

In dieser breiten Senke teilt sich die Almstraße. Sie folgen der rechten Fahrbahn wenige Meter, bis der beschilderte Millstätter See Höhensteig links auf den **Kamplnock** 04 (2101 m) emporzieht. Er führt steil auf einen erstaunlich felsigen Vorgipfel (2053 m) mit einem Holzkreuz und weiter auf die höchste Kuppe des aussichtsreichen Berges, unter der sich sogar einige kleine Lacken verbergen.

Von dort steigen Sie weiter über den steinigen Rücken ab und gelangen – vorbei an einigen Lacken – ins **Grüne Törl** 05 (2020 m). Dort zweigen Sie scharf rechts ab und wandern auf dem Kaisersteig (Nr. 194) durch die freien Südhänge des Kamplnocks zurück. Hinter einer Hütte verbreitert sich die Trasse zu jenem Fahrweg, der sich im **Millstätter Törl** 03 teilt. Von dort kehren Sie auf der Zugangsroute über die **Millstätter Hütte** 02 zur **Schwaigerhütte** 01 zurück.

Millstätter Törl und Kamplnock.

Variante: Vom Grünen Törl lässt sich die Millstätter Alpe (2091 m), der Namensgeber des ganzen Höhenzuges, leicht ersteigen (zusätzlich 30 Minuten hin und zurück).

LAMMERSDORFER BERG • 2063 m

Zum Granattor

7,8 km | 3:30 h | 450 hm | 450 hm | 63

START | Lammersdorfer Hütte (1644 m); Zufahrt von Millstatt bzw. Dellach über Lammersdorf und auf einer 5,5 km langen, asphaltierten Mautstraße.
[GPS: UTM Zone 33 x: 395.187 m y: 5.185.577 m]
CHARAKTER | Sehr aussichtsreiche Bergwanderung auf Almstraßen und markierten Wald-, Wiesen- und Höhenwegen.

Der östliche Bereich der Millstätter Alpe birgt das größte Granatvorkommen Europas. Kleine rubinrote Edelsteine zieren sogar Steinbrocken, die auf oder neben dem Weg liegen. Der Granat war schon vor Jahrhunderten als Schmuck sehr beliebt, man sprach dem „Karfunkel" sogar Heil- und Zauberkräfte zu. Heute bildet das tatsächlich mit Tonnen von Granatgestein aufgefüllte Monument des „Granattors" ein unverwechselbares Gipfelzeichen auf dem Lammersdorfer Berg, der sich über der gleichnamigen Am erhebt.

▶ Vor der gastlichen **Lammersdorfer Hütte** 01 orientieren Sie sich an den Tafeln „Almbrunnsteig, Kaisersteig, Enzian-Granatsteig" und der Beschilderung des Alpe Adria Trails – alle diese Routen folgen dem Fahrweg mit der Markierungsmummer 191, die hinter der Sennerei durch die südwestseitigen, licht bewaldeten Weidehänge der Lammersdorfer Alm hinaufzieht. Ein Pfad kürzt die Kehren ab; er führt neben Stationen wie dem „Hüttenquell" zu einem Almkreuz (1905 m, Blick zum Millstätter See). Nach einer Stunde Aufstiegszeit quert

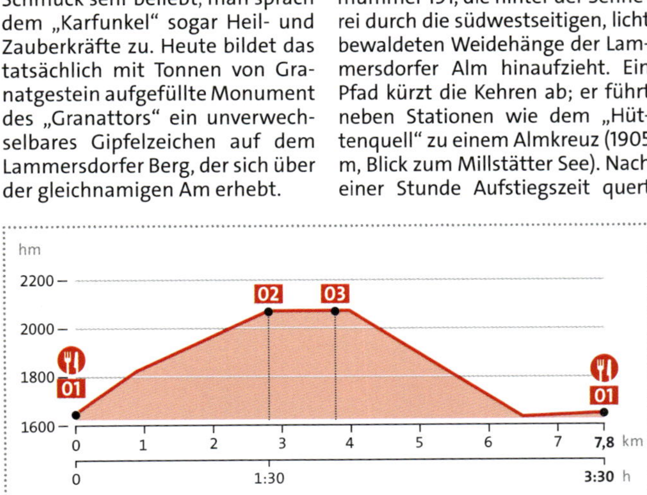

01 Lammersdorfer Hütte, 1644 m; 02 Lammersdorfer Berg, 2063 m;
03 Obermillstätter Almkreuz, 2046 m

Die Lammersdorfer Hütte, ein Ausgangspunkt für „steinreiche" Touren.

der Fahrweg durch die Südosthänge unter dem „Stana Mandl" zum kahlen Hauptkamm der Millstätter Alpe, auf dem Sie ein großer Steinmann mit einer Stange empfängt. Wer genau schaut, wird auf dem steinigen Boden rund um die winzigen, sagenumwobenen „Bösen Seen", die ohne ersichtlichen Grund verschwinden und wieder auftauchen sollen, überall Brocken mit kleinen Granaten entdecken. Nach weiteren 30 Minuten haben Sie den Aussichtsplatz auf dem **Lammersdorfer Berg** 02 (2063 m) erreicht. Eine Tafel erklärt das Gipfelpanorama im Süden über dem Millstätter See, doch auch der Blick zu den Nockbergen im Nordosten ist sehr eindrucksvoll.

Weiter geht's über den breiten, aber stellenweise recht felsigen Kamm zum nahen „Granattor". Das angerostete Eisenmonument erzählt die Geschichte des rubinroten Minerals, während das kleine Holzkreuz daneben einen eigenartigen Kontrast dazu bildet. Vorbei an seltsamen Steingebilden wandern Sie im sanften Auf und Ab zum flachen und ausgedehnten Wiesensattel mit dem alten **Obermillstätter Almkreuz** 03 (2046 m) und seinem hellen Quarzstein.

Dort biegen Sie links ab und wandern auf einem Fahrweg (Nr. 192) in weiten Kehren über Grashänge nach Südwesten hinab – es bestehen aber auch Abkürzungspfade dazwischen.

Unterhalb der Waldgrenze wird die Routenführung wegen einiger Verlegungen etwas unübersichtlich – man hält sich stets an die Wegweiser Richtung Lammersdorfer Hütte und an die liebevoll geschnitzten, gelb-blau-grün bemalten Schilder des Enzian-Granatsteigs. Zuletzt geht's auf Forststraßen und breiten Waldwegen im sanften Auf und Ab zur **Lammersdorfer Hütte** 01 zurück.

Auch im Nebel imposant – das Granattor auf dem Lammersdorfer Berg.

Mittagspause auf der Millstätter Alpe.

MIRNOCK • 2110 m

Ein Bergriese zwischen drei Seen

10 km | 4:30 h | 910 hm | 910 hm | 63

START | Renates Einkehr (1222 m) am Westabhang des Mirnocks; Zufahrt von Döbriach, Ferndorf oder Fresach über Gschriet. [GPS: UTM Zone 33 x: 398.781 m y: 5.179.874 m]
CHARAKTER | Sehr aussichtsreiche Bergwanderung auf Forststraßen und markierten Pfaden – die Abstiegsroute ist stellenweise nur dürftig gekennzeichnet, dort ist Orientierungssinn notwendig.

Der Mirnock ist gewissermaßen der „Kraftlackel" unter den Kärntner Bergen – ein riesenhaftes Wald- und Almmassiv, 25 km lang und mit fünf Erhebungen über 2000 m Seehöhe, das sich zwischen dem Millstätter See, dem Feldsee, dem Afritzer See und dem Drautal erhebt. Schon seit jeher gilt der Mirnock als geheimnisvoller Kraftplatz, auf dem sich bedeutende geomantische Linien kreuzen sollen. In der Tradition der Kelten lässt sich der Gipfel noch heute durch das Loch in einem Menhir (einem länglichen, von Menschen aufgestellten Stein) ins Visier nehmen. Zauberhaft ist auf jeden Fall die Aussicht vom Mirnock, die fast alle Gebirgszüge des Landes einschließt.

▶ Schon beim ehemaligen Gasthof **Renates Einkehr** 01 ist die Aussicht auf den Millstätter See fantastisch – und das Panorama erweitert sich natürlich noch beim Aufstieg auf dem Weg Nr. 188 Richtung Mirnock, der hinter den Gebäuden rechts abzweigt und in den Wald hinaufführt. Der steile Pfad quert mehrmals Forststraßen. Nach 1 Stunde Gehzeit erreichen Sie die Waldgrenze und ein kur-

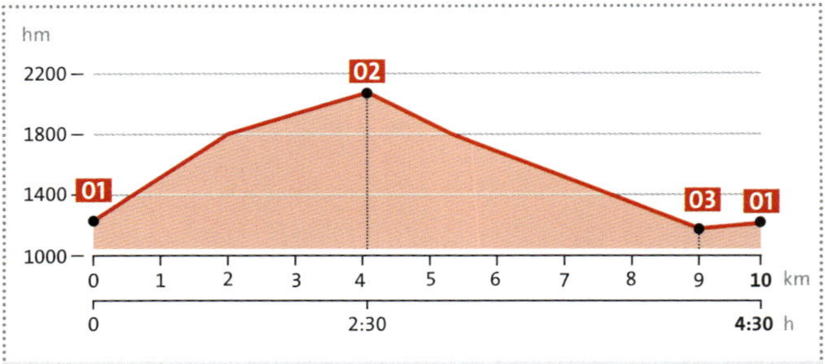

01 Renates Einkehr, 1222 m; 02 Mirnock, 2110 m; 03 Spielerhof, 1200 m

Kraftlinien, symbolisiert durch Steinmauern auf dem Mirnock.

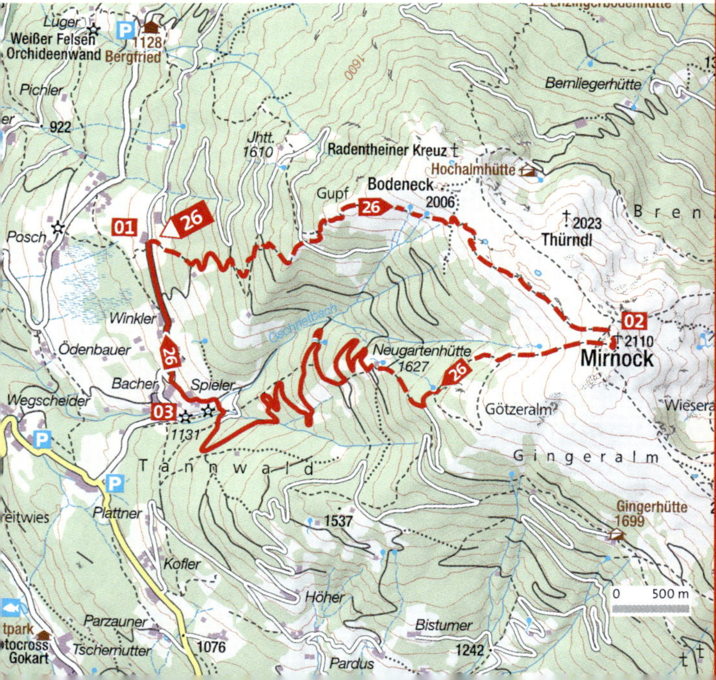

Was für ein Ausblick – zum Millstätter See und zur Hochalmspitze.

zes Stück weiter oben, am „Gupf", die Einmündung der Zugangsroute vom Gasthof Bergfried. Über den Wiesenrücken, auf dem im Frühsommer der Enzian in Massen blüht, geht's gegen das Bodeneck (2006 m) empor. Rechts dieser flachen Graskuppe gelangt man zu einem überraschend großen und sogar mit einigen Miniseen gesprenkelten Almplateau, das sich im Nordwesten des Mirnocks ausbreitet. Seinen rechten Rand bildet ein kleiner Rücken, über den der Weg Nr. 187 zur Gipfelkuppe zieht. Diese erklimmt man zuletzt nach links. Nach 2 ½ Stunden Aufstiegszeit genießt man vom Kreuz des **Mirnocks** 02 (2110 m) eine unglaubliche Sicht über halb Kärnten – von den fernen Lienzer Dolomiten über die weiße Hochalmspitze und das grüne „Gipfelmeer" der Nockberge bis zu den Karawanken, den Julischen und den Karnischen Alpen. Und in der Tiefe blaut der westliche Teil des Millstätter Sees.

Nach Westen hin ist ein kleines Tal eingetieft. In dieses zieht der Pfad Nr. 190, der wenige Meter unterhalb des Gipfels vom Zugangsweg links abzweigt (Wegweiser „Drei Tröger, Kaltenbrunn, Gingerhütte"). Er führt hinunter zur Waldgrenze und dann links zu einem Forstweg, auf dem Sie am Kalten Brunn (Quelle) vorbei zu einer Abzweigung gelangen (1750 m).

Von dort steigen Sie rechts auf den Weg Richtung „Spieler" zur Neugartenhütte (1627 m) hinunter. Dort erreichen Sie die nächste Forststraße, die in Kehren über die Wiese der Rauter Alm und dann durch Waldhänge zum Gschrietbach und zum **Spielerhof** 03 hinabzieht. Zuletzt marschieren Sie rechts auf der Asphaltstraße zum Ausgangspunkt bei **Renates Einkehr** 01 zurück. Und wer Glück hat, erlebt hier einen grandiosen Sonnenuntergang mit Blick auf den See!

Kein Wunder, dass die Gipfelrast himmlische Hochgefühle vermittelt!

DER MÜHLENWEG IN KANING

Eine ideale Wanderung mit Kindern

7,5 km | 3:00 h | 370 hm ↗ | 370 hm ↘ | 63

START | Türkhaus (958 m) an der Straße von Radenthein nach Kaning, Parkplatz und Bushaltstelle.
[GPS: UTM Zone 33 x: 401.421 m y: 5.185.989 m]
CHARAKTER | Einfache Talwanderung auf beschilderten Wanderwegen und einer einer Almstraße.

Am Südrand des Biosphärenparks Nockberge, unterhalb des Dorfes Kaning, haben engagierte Einheimische sechs sogenannte Flodermühlen mit viel Liebe und Können restauriert. Einst klapperten hier zwanzig Mühlräder; heute sind immerhin einige der Konstruktionen wieder funktionsfähig. Verbunden werden sie durch den Kaninger Mühlenweg, der mit etlichen Erlebnisstationen ausgestattet wurde.

▶ Der Weg ins Tal beginnt beim historischen **Türkhaus** 01, das schon für sich eine Sehenswürdigkeit ist. In seinem Räumen sind eine Diaschau über den Biosphärenpark, eine Ausstellung des Museums für Volkskultur in Spittal an der Drau und eine Dokumentation über den einstigen Bergbau rund um Kaning zu sehen. Neben dem Haus befindet sich ein Kräutergarten. Von dort führt der Mühlenweg neben dem Bach taleinwärts, vorbei an geschnitzten Holzfiguren, einer Holzknechthütte, an Spielplätzen und Grillstellen, an den Kletterfelsen der Bärenwand, an Kneippbecken, einer Felsendusche und Wasserspielen für die Kinder. Besonderes Augenmerk verdient die Neuwirt-Doppelmühle, in der man im Sommer oft beim Mahlen zusehen kann. Im Verlauf der wei-

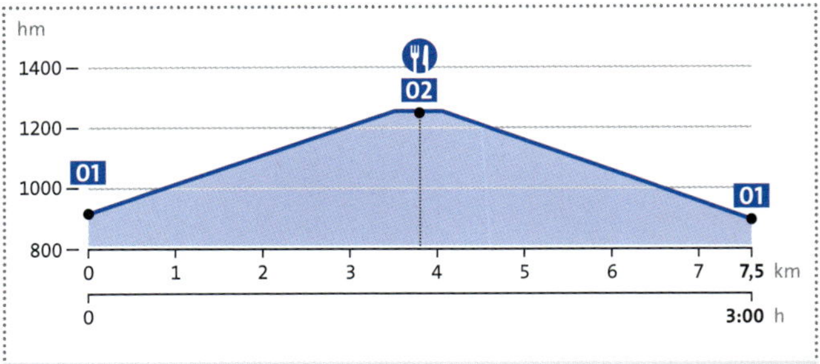

01 Türkhaus, 958 m; 02 Aichholzer Hütte, 1320 m

Der Roßbach rauscht durchs romantische „Tal der Mühlen“.

teren Wanderung lernen Sie dann auch die Stini-, die Trattnig-, die Raner-, Veidl- und die Adammühle kennen. Dazwischen kommen Sie an einer Backstube vorbei. Außerdem informieren Schautafeln über das Leben im Tal und über den Wald. Oberhalb der Adammühle erreichen Sie über eine Brücke den gut beschilderten Pfad zur Aichholzer Hütte, der links zur Mitterberger Almstraße führt. Auf dieser gelangen Sie links zur Almwiese mit der 1859 errichteten **Aichholzer Hütte** 02 (1320 m), wo Sie mit einer zünftigen Speckjause, Glundnerkas, selbst gebackenem Brot oder dem traditionellen Reindling verwöhnt werden.

Der Rückweg erfolgt auf der Zugangsroute. Man kann aber auch weiter auf der Almstraße hinunterwandern und biegt dann nach etwa 30 Minuten auf einen Forstweg ab, der zum oberen Ende des Mühlenwegs führt. Bis zur Brücke bei der Trattnigmühle kann man auch auf der linken Talseite hinabwandern.

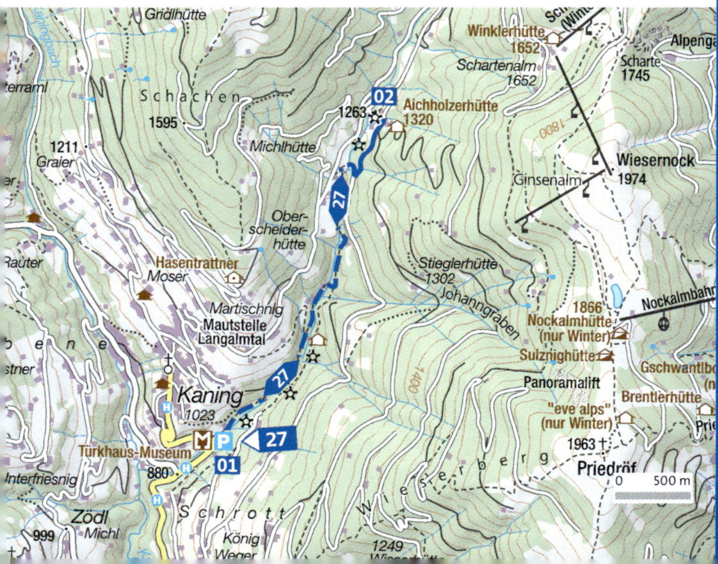

28

FALKERT • 2308 m
RÖDRESNOCK • 2310 m

Hoch über dem Falkertsee

8 km | 3:30 h | 650 hm | 650 hm | 66

START | Falkertsee (1870 m), Parkplatz und Bushaltestelle bei den Liften (Nock Sport Huber); Zufahrt von Vorwald an der Turracher Straße zwischen Patergassen und Ebene Reichenau (8 km).
[GPS: UTM Zone 33 x: 410.684 m y: 5.190.759 m]
CHARAKTER | Bergwanderung auf markierten, aber stellenweise steilen und felsigen Wegen und Pfaden, die Trittsicherheit und Schwindelfreiheit erfordern.

Der Falkertsee gehört sicher nicht zu den wärmsten Badegewässern Kärntens – aber ein wunderschönes Wasserauge ist er trotz seiner touristischen Erschließung doch geblieben. Noch interessanter sind die beiden fast gleich hohen Berge, die ihn übertragen: Der Falkert (oder Falkertspitz) und die Moschelitzen mit dem Rödresnock. Sie entstanden aus einem einzigen Massiv, das in der Mitte auseinanderriss – Geologen sprechen daher von einem imposanten Fall einer „Bergzerreißung“. Im neu entstandenen Graben zwischen den für „Nock-Verhältnisse“ sehr felsigen Gipfeln, dem heutigen Sonntagstal, schürfte ein Gletscher der letzten Eiszeit das Becken für den Falkertsee aus. All diese Besonderheiten würzen die hier vorgestellte Rundtour ebenso wie der weite Rundblick, den man hoch über dem See genießt.

▶ Vor der eigentlichen Tour lohnt sich die 30 Minuten lange Um-

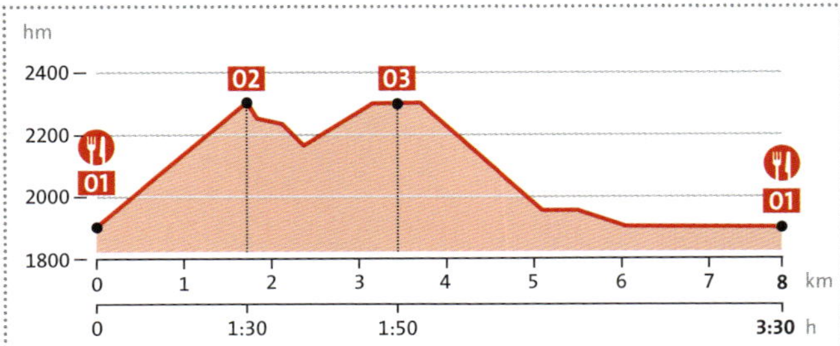

01 Falkertsee, 1870 m; 02 Falkertspitz, 2308 m; 03 Rödresnock, 2310 m

Ungewöhnlich in den Nockbergen – der Falkert zeigt felsige Zähne!

rundung des **Falkertsees** 01. Dazu gehen Sie von der Abzweigung bei der Almstube Falkert zum Almgasthaus Seehütte, zur Halter- und zur Leiterhütte am Südufer. Dort beginnt ein Wanderweg, der über dem Westufer zum Heidi-Hotel hinüberführt. Bei seinem Parkplatz beginnt links der beschilderte Weg auf den Falkertspitz, der sich noch vor dem nahen Falkert-Skilift teilt. Der linke Pfad Nr. 159 zieht direkt auf den Falkert – der rechte Weg Nr. 3, ein Abschnitt des Alpen Adria Trails, ist etwas länger, aber dafür gemütlicher. Er quert die Lifttrasse und die Skipiste, steigt rund 100 m neben dem zweiten Skilift durch einen flachen Graben an, kreuzt einen Fahrweg und wendet sich unter dem kleinen Falkertköpfl links in die Hundsfeldscharte (2160 m) empor. Dort findet man einen „Magic Point" des Alpe Adria Trails. Über den grasigen Rücken wandern Sie weiter südwärts zur Skilift-Bergstation und auf den felsigen **Falkert** 01 (2308 m).

Eine runde Panoramatafel neben dem Gipfelkreuz benennt die wichtigsten Berge rundum. Aufstiegszeit knapp 1 ½ Stunden.

Der Südwestgrat, über den nun der Abstieg verläuft, ist zunächst recht steil und felsdurchsetzt; da und dort muss man die Hände ein bisschen zu Hilfe nehmen. Doch bald trifft man wieder auf einen breiteren Weg, der neben einem Zaun über eine flache Kuppe links zur Falkertscharte (2180 m) zieht. Dort mündet der Weg vom Falkertsee durchs Sonntagstal ein. Geradeaus geht's nun auf dem beschilderten Salzsteigweg (Nr. 109/160) nochmals 20 Minuten lang aufwärts. Der breite Grasrücken der Moschelitzen biegt nach links um und bildet schließlich ein ausgedehntes, mit feinem Schutt bedecktes Plateau, in dessen Mitte das Gipfelkreuz des **Rödresnocks** (2310 m) steht. Im Rückblick zum Falkert zeigt sich die felsige Eigenart dieses Berges inmitten der sanften Nockberge – das gesamte Panorama reicht aber von den Niederen Tauern über die Hochalmspitze im Nordwesten bis zu den Julischen Alpen im Süden.

Der Abstieg erfolgt dann nach Osten. Der breite und flache Rücken sinkt rechts sanft gegen das Bärental ab, links bricht er jedoch mit felsigen Flanken über dem Sonntagstal ab. Dazwischen zieht der stellenweise recht steinige Pfad mit der Markierungsnummer 6 neben einem Zaun abwärts, bis er sich von etwa 2000 m Seehöhe links durch den steilen, felsdurchsetzten und von Zirben bewachsenen Nordosthang der Moschelitzen hinabschlängelt. Unten im Talgrund erreichen Sie einen rauen Fahrweg, auf dem Sie rechts zum nahen **Falkertsee** 01 zurückkehren.

Sommerschön – der 4,3 ha große und bis zu 13,2 m tiefe Falkertsee.

Rasch runter vom Rödresnock – über dem Falkert zieht ein Gewitter auf.

29

DIE TURRACHER 3-SEEN-RUNDE

„Wasserwandern“ im Zirbenwald

7,5 km | 2:30 h | 150 hm | 150 hm | 66

START | Turracher Höhe (1795 m); Bushaltestelle, Parkplätze entlang der Straße oder bei der Talstation der Panoramabahn. [GPS: UTM Zone 33 x: 414.349 m y: 5.196.394 m]
CHARAKTER | Einfache Familienwanderung durch herrliche Zirbenwälder und entlang von drei alpinen Seen.

Der seit Jahrhunderten bedeutsame Passübergang zwischen dem Kärntner Gurktal und dem Murtal in der Obersteiermark hat sich in den letzten Jahren zu einem sehr beliebten Sommer- und Wintersportort entwickelt. Dies liegt nicht zuletzt an den drei Seen im Bereich der Turracher Höhe. Wer bloß durchreist, sieht nur den fast 20 ha großen Turracher See, der das Zentrum der Hotelsiedlung bildet. Den 2,6 ha großen Schwarzsee, der seine Farbe einem Moor und einem Anthrazitvorkommen auf seinem Grund verdankt, und den 1,4 ha großen Grünsee bekommt man ebenso wie den berühmten Turracher Zirbenwald nur dann zu Gesicht, wenn man die Wanderschuhe schnürt. Dann lässt man sich am besten vom weißen „T“ auf rotem Grund leiten – das ist die Markierung der beliebten 3-Seen-Runde. Zum Baden werden hier natürlich nur Hartgesottene verleitet (der Turracher See ist meist sechs Monate im Jahr zugefroren). Wer es trotzdem versuchen möchte, hat als Gast des Hotels Hochschober ganzjährig Gelegenheit dazu – in einem 25 m langen Becken im See, dessen Wasser auf 30 °C aufgeheizt wird.

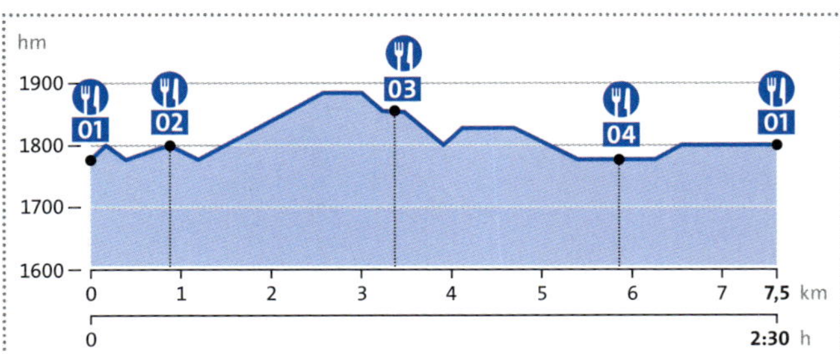

01 Turracher Höhe, 1795 m; 02 Turracher See, Nordufer, 1780 m; 03 Schwarzsee, 1841 m; 04 Grünsee, 1816 m

▶ Vom Parkplatz gegenüber dem Hotel Die Nockalm auf der **Turracher Höhe** 01 folgen Sie der Zufahrtsstraße zum Hotel Hochschober (Wegweiser „Schwarzsee, Weitental") zur Schotterstraße, die hinter dem Hotel durch den Waldhang über dem Turracher See führt. Von der folgenden Abzweigung gehen Sie links nach der Beschilderung „FeWo Bauernstubn" zum Seeufer hinunter und dort links zur Talstation der Sonnenbahn (wo Sie die Landesgrenze zwischen Kärnten und der Steiermark überschreiten). Vorbei am Seehotel Jagerwirt kom-

Relaxzone am Turracher See.

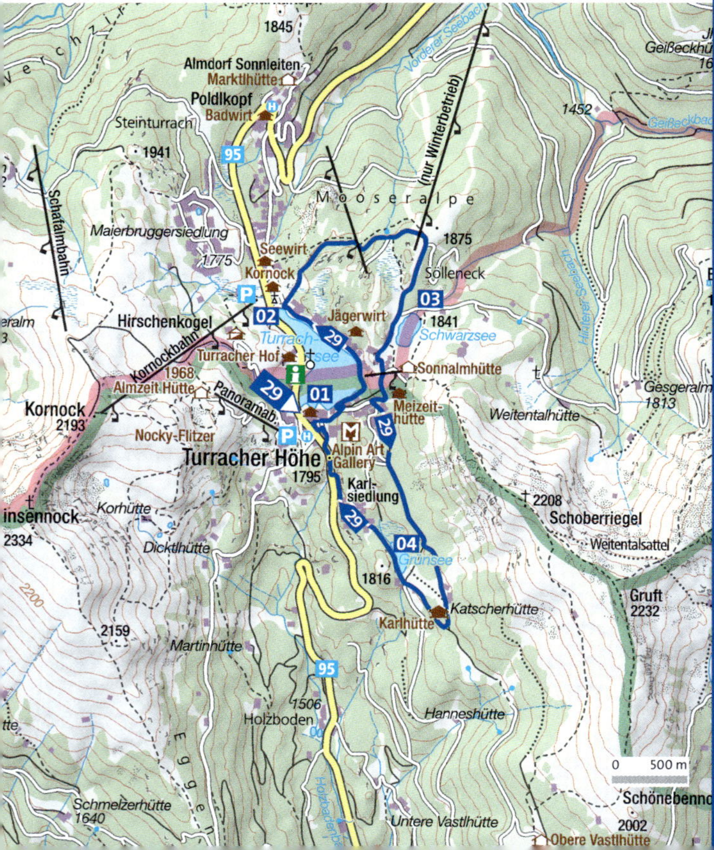

Über dem Schwarzsee zeigt sich der ferne Eisenhut.

men Sie zum **Nordufer des Turracher Sees** 02.

Dort gehen Sie nicht links über die Brücke, sondern noch einige Schritte geradeaus, bis Sie noch vor der Talstation des Wildkopflifts rechts auf eine Forststraße abzweigen. Sie führt über die Piste und in den berühmten Zirbenwald der Turracher Höhe, wo Sie bei einer Gabelung rechts bleiben. Nach der Unterquerung der Zirbenwaldbahn erreichen Sie ein Hochmoor. Vor dem kleinen Hügel des Söllenecks biegen Sie rechts auf einen Pfad ab, der über Holzstege zum **Schwarzsee** 03 (1841 m) führt.

Dieses moorschwarze Gewässer kann man links auf einem Pfad umgehen. Links am Westufer verläuft ein Fahrweg; von den Wurzeln einer großen Zirbe sieht man zum Wintertaler Nock hinüber. Für eine zwischenzeitliche Einkehr empfehlen sich die nahe Sonn Alm oder die Meizeit Hütte, die Sie nach einem kurzen Abstieg auf einer Schotterstraße erreichen. Von der dortigen Ferienhaussiedlung wandert man auf der 3-Seen-Runde wieder unter Zirben nach Süden zur Katscherhütte, hinter der man rechts zum **Grünsee** 04 (1767 m) absteigt. Vom Südufer des waldgesäumten Gewässers sind es nur ein paar Minuten bis zur **Karlhütte**, die zu einer bodenständigen Jause einlädt und für Kinder auch einen kleinen Streichelzoo bereithält.

Vom Grünsee wandert man dann in 20 Minuten zur **Turracher Höhe** 01 zurück, und zwar auf einer Forststraße, die zu einer weiteren Feriensiedlung und zur Turracher Straße führt. Rechts gelangen Sie über die nahe Passhöhe wieder zum Ausgangspunkt.

Es grünt so grün ... am Grünsee am Fuße des Schoberriegels (Tour 30).

SCHOBERRIEGEL • 2208 m
GRUFT • 2232 m

Wucht und Weite in den Nockbergen

9,5 km | 3:30 h | 550 hm ↗ | 550 hm ↘ | 66

START | Turracher Höhe (1795 m); Bushaltestelle, Parkplätze entlang der Straße oder bei der Talstation der Panoramabahn. [GPS: UTM Zone 33 x: 414.349 m y: 5.196.394 m]
CHARAKTER | Aussichtsreiche Bergwanderung auf Forststraßen und Höhenpfaden, die im Gipfelbereich Trittsicherheit erfordern.

Gipfelblick zum Rinsennock.

Schneller kommen Sie von der Turracher Höhe auf keinen Berg: Der felsige Schoberriegel lässt sich in nicht einmal 1 ½ Stunden auf einem guten Pfad erklimmen. Er bietet einen weiten Rundblick über das Nockgebiet und natürlich auch direkte Sicht zu den Seen. Sein Gipfelbereich blieb bisher vor Liftanlagen und Skipisten verschont – ebenso wie sein östlicher Nachbarberg, dessen Südkamm weit nach Süden zieht und der damit zu einer traumhaft schönen Höhenwanderung einlädt.

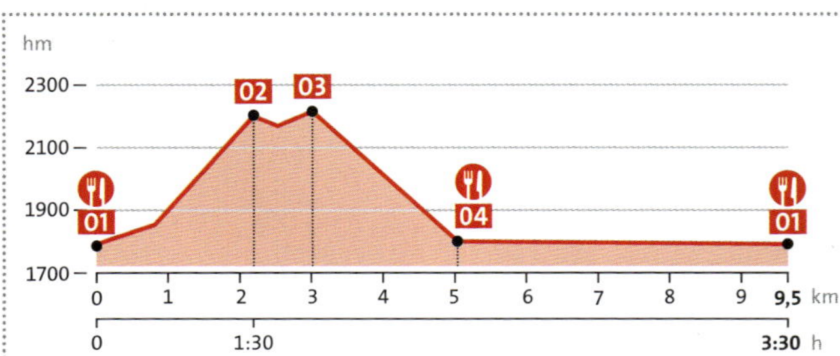

01 Turracher Höhe, 1795 m; 02 Schoberriegel, 2208 m; 03 Gruft, 2232 m; 04 Obere Vastlhütte, 1800 m

Auf der anderen Seite des Kreuzes steht: „Mei Hamat is a Schatzale“.

Von der **Turracher Höhe** 01 gehen Sie wie bei Tour 29 zur Schotterstraße über dem Turracher See, der Sie jedoch rechts zur Meizeithütte folgen. Geradeaus geht's auf dem Fahrweg weiter hinauf zur Sonnalmhütte (vor der man links den kurzen Abstecher zum Schwarzsee einlegen sollte). Von der Hütte zieht die Forststraße in Kehren durch das Pistengelände der Sonnenbahn bis zu ihrer Bergstation hinauf. Von dort wandern Sie auf dem steinigen Pfad Nr. 153/109 zu einem Sendemasten empor. Im Bereich der Waldgrenze sind ein paar einfache Felsstufen zu überwinden, dann teilt sich der Pfad (Tiefblick zum Turracher See und bald darauf auch zum Grünse). Ein kurzes Stück weiter oben treffen die beiden Routen wieder zusammen. Nach etwa 1 ½ Stunden Aufstiegszeit gelangen Sie über den luftigen und dementsprechend aussichtsreichen Graskamm zum Gipfelkreuz auf dem **Schoberriegel** 02 (2208 m).

Der Weg zum Nachbarberg ist nun gut zu sehen. Er führt über den Rücken in eine nahe Senke, von der

Felsen, Flora und Fernsicht bis zum Königsstuhl (links am Horizont).

rechts ein direkter Abstiegspfad zur Oberen Vastlhütte abzweigt. Schöner ist jedoch der kurze Wiederaufstieg zu jenem breit gelagerten Gras- und Schuttgipfel, der den seltsamen Namen **Gruft** 03 (2232 m) trägt. Zurückgehen dürfte dieser auf einen tiefen Felsspalt im Kamm, in dem oft noch im August Schnee liegt.

Beim Gipfelkreuz biegen Sie rechts ab und folgen dem Wegweiser „Vastelhütte, Saureggen" (Nr. 150). Etwa 1 km lang geh's über den Südkamm bis zum Schönebennock (2002 m). Von dort steigen Sie nach rechts ab. Neben einem Zaun und durch zwei Gatter kommen Sie zur nur zeitweise bewirtschafteten **Oberen Vastlhütte** 04 (1800 m).

Zuletzt wandern Sie auf der Almstraße – bald rechts abbiegend – durch wunderbaren Lärchen-Zirben-Wald nach Norden zur Hanneshütte und weiter zur 45 Minuten entfernten **Karlhütte**. Vorbei am romantischen, von Zirben umsäumten Grünsee (1816 m) wandern Sie zuletzt wie bei Tour 29 zur **Turracher Höhe** 01 zurück.

RUND UM DEN AFRITZER SEE

Sonnen- und Uferwege

11 km | 3:00 h | 310 hm | 310 hm | 63

START | Afritz am See (711 m), Bushaltestelle und Parkplatz beim Gemeindeamt.
[GPS: UTM Zone 33 x: 408.327 m y: 5.175.602 m]
CHARAKTER | Einfache Tal- und Seenwanderung auf Nebenstraßen und markierten Wegen.

Hier lebt sich's gut – das sagen jedenfalls die Afritzer. Und dass man hier, in der „Gegend" zwischen Villach und den Nockbergen auch gut wandern kann, das wird jeder bestätigen, der die hier vorgeschlagene Umrundung des 1,7 km langen und bis zu 22 m tiefen Afritzer Sees durchgeführt hat. Das Baden am großteils frei zuänglichen Ufer steht natürlich auch auf dem Programm vieler Einheimischer und Gäste, die dieses Gewässer ins Herz geschlossen haben.

▶ Vom Gemeindeamt in **Afritz am See** 01 spazieren Sie auf der Dorfstraße nach Norden, vorbei an der Pfarrkirche und am Gasthof Linder, und dann nach links zu einer Gabelung. Von dort gehen Sie links auf dem Kalvarienweg weiter. Kurz darauf lohnt sich rechts der Abstecher hinauf zur Kalvarienbergkirche (Kreuzweg, schöner Ausblick). Bei den Häusern unter dem Kalvarienberg geht's geradeaus über den Reicherbach. Von der nächsten Abzweigung marschieren Sie links zur Schulstraße, auf der Sie rechts den Tobischer Bach überqueren. Gleich nach der Brücke biegen Sie rechts und gleich darauf links Richtung Tobitsch ab (rechts kämen Sie

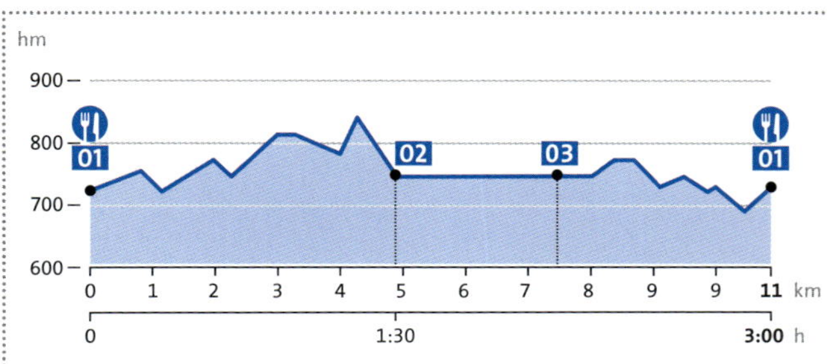

01 Afritz am See, 711 m; 02 Afritzer See, Nordufer, 753 m;
03 Afritzer See, Südufer, 753 m

Der Afritzer See bietet mehrere unberührte Uferabschnitte.

zum nahen Gasthof Wurmitzer). Nach knapp 300 m beginnt in einer Straßenkehre links der beschilderte Sonnenweg. Er führt durch die Hänge oberhalb des Talbodens dahin, sinkt ein wenig ab und steigt wieder über eine Wiese an. In der Folge wandern Sie auf einem Waldweg über dem Afritzer See dahin; unterwegs sieht man immer wieder zwischen den Bäumen zum Wasser. Nach 1 ½ Stunden steigen Sie links zur Bundesstraße am **Nordufer des Afritzer See** 02 (753 m) ab.

Nach der Überquerung der Fahrbahn wandern Sie auf einem Weg an privaten Badeplätzen vorbei. Nach 300 m biegen Sie links auf den Hans-Bernlieger-Weg ab und wandern dem Westufer des Sees entlang. Nach etwa 1,5 km erreichen Sie die Häuser am **Südufer des Afritzer Sees** 03 (753 m).

Auf der Seestraße gehen Sie zum Pflegeheim Afritz, schwenken dort nach links ein und biegen beim nahen Strandbad-Parkplatz rechts auf die Lierzberger Straße ab. Nach einem Bungalowpark übersetzen Sie den Klammerbach und folgen dem Wiesenweg in die Scherzboden-Siedlung. Auf der Scherzbodenstraße kurz nach rechts, dann links zur Trattenstraße und auf dieser wieder kurz nach links, bis Sie rechts auf dem Frießnerweg in die nächste Siedlung wandern. Dort führt die Schwarzseestraße links zur Bundesstraße, der Sie 100 m zur Tankstelle folgen. Dann rechts in die Ortschaft Kraa, wo Sie zweimal links abzweigen, bis Sie vom Schoberweg rechts auf einem Waldweg zum Hotel Mirnock gelangen. Auf der Brücke der Bundesstraße über den Afitzer Bach und 100 m weiter nach links ins Ortszentrum von **Afritz am See** 01 zurück.

Der Feldsee

1 km nördlich des Afritzer Sees liegt der Feldsee, der auch Brennsee genannt wird. Sein 1,3 km langes, 500 m breites und bis zu 26 m tiefes Becken birgt 6 Millionen m³ Wasser, das die Hochsommersonne an der Oberfläche bis zu 23 °C erwärmt. Auch der Feldsee lässt sich auf guten Wegen umwandern, und zwar in etwa 1 ½ Stunden.

Der Weg führt am Ufer des wunderschönen Feldsees entlang.

GERLITZEN • 1909 m

Bergab zur Steinwenderhütte

8 km | 2:45 h | 70 hm | 550 hm | 62

START | Annenheim (545 m) am Ossiacher See, Talstation der Kanzelbahn (Bahnstation und Bushaltestelle in der Nähe, Parkplatz/Parkdeck); Auffahrt mit der Kanzel- und der Gipfelbahn (www.gerlitzen.com) zur Bergstation auf der Gerlitzen (1909 m); Talfahrt von der Mittelstation Kanzelhöhe (1504 m).
[GPS: UTM Zone 33 x: 416.947 m y: 5.171.884 m]
CHARAKTER | Einfache Bergabwanderung auf markierten Alm- und Waldwegen.

„Etwas drüber“ ist die weitum sichtbare Gipfelkuppe der Gerlitzen über dem Ossiacher See laut Eigenwerbung – auf jeden Fall ist sie ein richtiger „Sportberg“, auf dem man im Winter Skifahren und im Sommer Bergradeln kann.

▶ Von der Bergstation der Gipfelbahn und dem Gipfelhaus auf der **Gerlitzen** 01 gehen Sie zunächst 5 Minuten nach Süden, am kleinen weißen Observatorium vorbei und zum „Englischen Turm“, hinter dem sich eine Aussichtsplattform befindet. Von dort geht's auf einem Pfad durch den flachen Südwesthang in weiteren 10 Minuten unter der Gipfelbahn und dem Pacheinerlift durch zum Alpinhotel Pacheiner. Dort treffen Sie auf die asphaltierte Gipfelstraße, neben der Sie links (Wegweiser „Stifterboden, Mittelstation“) absteigen. Der Wiesenpfad Nr. 32 kürzt neben einem Zaun die Straßenkehren ab und führt in den Wald hinunter. 30 Minuten ab dem Hotel Pacheiner

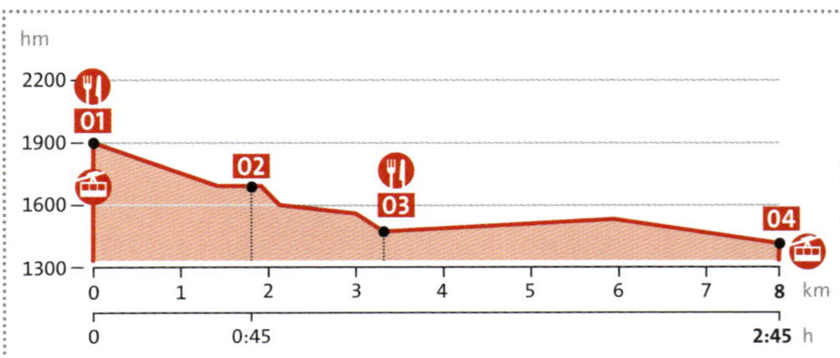

01 Gerlitzen, 1909 m; 02 Stifterboden, 1675 m; 03 Steinwenderhütte, 1473 m; 04 Kanzel, 1504 m

Abflug von der Gerlitzen – die luftige Alternative zum Hinunterwandern.

Hinter dem „Englischen Turm“ wartet eine große Aussicht.

erreichen Sie die Lichtung des **Stifterbodens** 02 (1675 m).

Während die Straße dort rechts wegführt, folgen Sie der Beschilderung „Steinerner Tisch, Steinwenderhütte“ geradeaus an einigen Ferienhäusern vorbei. Gleich darauf zweigen Sie im Wald links ab und wandern auf einem stellenweise steilen und steinigen Pfad zu einem Fahrweg hinab. Dieser führt an der unbewirtschafteten Gerlitzenhütte vorbei zu einer Wiese (Panoramatafel). Auf einem weiteren groben Pfad kommen Sie dann zur nächsten Forststraße, die überquert wird. Kurz darauf lädt die herrlich gelegene **Steinwenderhütte** 03 (1473 m) zur Rast und Einkehr ein.

Vor der Hütte biegen Sie links auf eine Forststraße ab, die im ganz sanften Auf und Ab durch die Waldhänge zur Seilbahn-Mittelstation auf der **Kanzel** 04 (1504 m) führt.

Spiegler
Eder
Stifter
Sauerwaldbach
1277
Bader
Mautstelle
Boxenstop-
Skihütte
nur Winterbetrieb
Müllnergraben
1248
1385
S a u e r w a l d
1524
G a u g e l w a
1259
1276
Jhtt.
buchholzer Hütte
Huaba Hittn
Jhtt.
1541
Almseehütte
1623
Gerlitzen
Gipfelstraße
N e u g a r t e n
Hirschbrun
Gagernhütte
Jhtt.
Steinerner Tisch
Stifterboden
Stifterbodenhütte
Im Kesseltumpf
1696
02
1675
32
Gerlitzen Alpe
Sternwarte
01
32
Gerlitzenhütte
(Selbstversorgerhütte)
1580
Alpinhotel
Pacheiner
Mountainr
Feuerberg
hotel
wenderhütte
1473
03
32
1911
Gipfelhaus
Gerlitzen
Kammerhütte
32
Turnerhütte
1540
Schönfe
siedlung
Pöllingerhütte
1656
Berg- u.
Almmuseum
Taboier
1273
Jhtt.
Alpenrose
1504
Gerlitzenstraße
Jhtt.
04
32
Treffner Bach
Gerlitzen-
Pistenflitzer
(verf.)
Sonnenobservatorium
1524
Jhtt.
Sonnenresort
Gerlitzen Alpe
T r e f f n e r W a l d
Sonnenhotel
Zaubek
Alpinum
Finsterbach
Kanzelhöhe
Ochsengarten
er See
1492
Zweck
1042
Reine
Hecher
Eders Einkehr
Wasserfaller
O s s i a c h b e r g
Finsterbach
Wasserfälle
Rasch
Sonnenhügel
515
Jhtt.
Hütter
1025
Leitner
Kramer
Skulpturenallee
Oberdorf
Jägerhof
Kanzel Stub'n
Sattendorf
545
Seespitz
Julienhöhe
521
Annenheim
Lindenhof
eduCARE
Camping Wirt
derdorf
94
Heiligen
Berghof
514
510
Fischerhütte
0
500 m
178
Villach-
Ossiacher See
St. Andrä
ROBINSON Club
Landskron
NSG
511
Jungfernsprung

DURCH DAS BLEISTÄTTER MOOR

Kärntens erster Slow Trail® – und ein Jahrhundertprojekt

7,5 km | 2:00 h | 20 hm | 20 hm | 62

START | Steindorf am Ossicher See (518 m); Bahnstation und Bushaltestelle im Ort, Parkplatz an der Seestraße südlich der Bahnlinie, nahe dem Gasthof Laggner.
[GPS: UTM Zone 33 x: 424.279 m y: 5.171.816 m]
CHARAKTER | Einfache und ebene Wanderung auf Nebenstraßen und markierten Ufer-, Feld- und Wiesenwegen.

Slow motion statt high speed – das ist das Motto von Kärntens erstem Slow Trail, der durch das Natur- und Europaschutzgebiet im Bleistätter Moor am Ostufer des Ossiacher Sees führt. Dieser neuartige Qualitätsweg, der zu einer entspannten Wanderung motiviert, bietet Einblicke in die Lebensräume von ca. 100 verschiedenen Vogelarten, von Schmetterlingen und Fledermäusen; sogar der Biber ist hier wieder heimisch geworden. Diese Artenvielfalt hat einen ganz besonderen Grund: Man hat das einst entwässerte und landwirtschaftlich genutzte Bleistätter Moor wieder der Natur zurückgegeben. Dazu wurde 2017 eine 54 Hektar große Fläche wieder geflutet. Die alten Pumphäuser wurden zu Heimstätten für seltene Fledermausarten; neue Nistplattformen laden Störche zum Nestbau ein. Neben dem Rundweg durch das Moor besteht übrigens ein zweiter, 6 km langer Slow Trail, der nach Ossiach führt.

Vom Parkplatz in **Steindorf am Ossicher See** 01 lohnt sich zunächst der kurze Abstecher auf dem Rad-

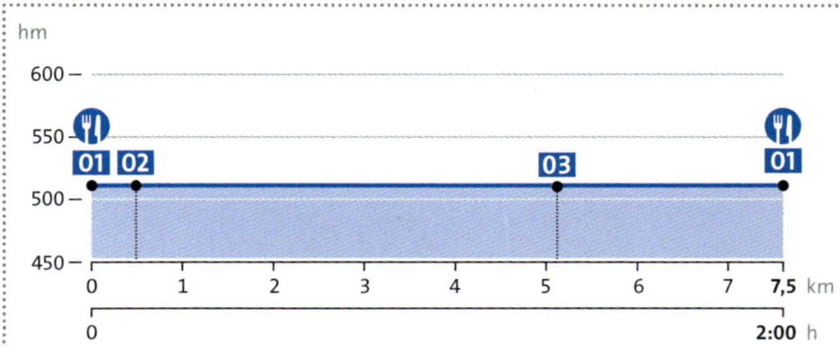

01 Steindorf am Ossiacher See, 518 m; 02 Steinhaus, 518 m;
03 Landesstraße, 518 m

Entspannen vor dem „Steinhaus“ in Steindorf am Ossiacher See.

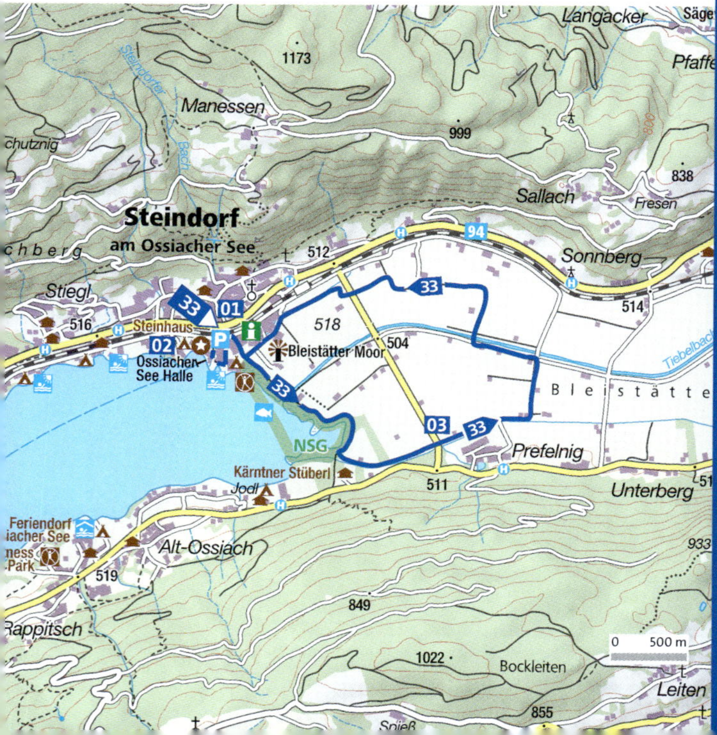

weg zum berühmten **Steinhaus** 02 des Architekten Günther Domenig (1934–2012), das heutige Architektur Haus Kärnten (https://architektur-kaernten.at).

Von dort wandern Sie auf dem Promenadenweg zum nahen Seeufer, zur Schiffsanlegestelle Steindorf und zur Seestraße, der Sie einige Schritte nach links folgen. Dann überqueren Sie den Steindorfer Bach rechts über eine kleine Brücke und gehen auf dem Uferweg wieder rechts Richtung See. Beim Spielplatz queren Sie links zum Strandweg hinüber. Auf diesem gelangen Sie links wieder zum **Parkplatz** 01 zurück.

Beim Gasthof Laggner wenden Sie sich nach rechts und gehen zum Dammweg, der rechts zum See und zum Bleistätter Moor führt. Bald biegt die Asphaltstraße nach links um – vom dortigen Rastplatz wandern Sie geradeaus auf dem geschotterten Spazierweg (Markierung Nr. 1) weiter. Neben dem Dammweg befinden sich zwei Aussichtstürme, die einen großartigen Blick über das Moorgebiet bieten; dazwischen übersetzt eine Brücke den einmündenden Tiebelbach. Nach gut 1 km endet der Dammweg vor einer weiteren Brücke. Dort zweigen Sie links Richtung Prefelnig ab (Weg Nr. 2) und erreichen – vorbei an einer Plattform – die **Landesstraße** 03.

Nach der Überquerung der Fahrbahn folgen Sie der Beschilderung „Feldkirchen“ geradeaus auf einer Schotterstraße. Neben einem kleinen Kanal, in Sichtweite der Bauernhöfe und Ferienhäuser von Prefelnig, wandern Sie zu einem Gebäude, bei denen der Weg nach links umbiegt. So kommen Sie zur Brücke über den Tiebelbach. Jenseits schwenken Sie links in den Weg Nr. 2A Richtung Steindorf ein. Bald geht's rechts ins Moor hinein und neben einer Baumschule links wieder zur Landesstraße, die Sie überqueren und dem Wanderweg Richtung Steindorf folgen. Er führt neben einem Kanal und an einer weiteren Plattform vorbei zum Beginn des geschotterten Dammweges. Rechts kommen Sie in Kürze zum **Parkplatz** in **Steindorf am Ossicher See** 01 zurück.

Einst Wiesen, heute wieder Moorflächen – das renaturierte Moor.

Aussichtstürme bieten den besten Überblick über das Naturparadies.

Wasserfälle auf der Nordseite des Ossiacher Sees

Von Steindorf am Ossiacher See lohnt sich eine kurze Wanderung zu den beiden kleinen, aber überaus romantischen Wasserfällen des Steindorfer Bachs, der in den steilen Waldhängen oberhalb des Ortes rauscht. Man startet an der Dorfstraße, biegt an der Talmündung auf die steile Bergstraße ab und steigt zuletzt auf dem beschilderten Wasserfallweg (Nr. 41) an. Gehzeit hin und zurück etwa 1½ Stunden. Ein zweites Wasserwunder verbirgt sich in den Südhängen der Gerlitzen oberhalb von Sattendorf. Von der Volksschule geht man zur Brücke über den Finsterbach, von der ein beschilderter Weg in den Finsterbachgraben führt. Auf dem Naturlehrpfad zum Thema „Wassererlebniswelt Finsterbach Wasserfälle“ gelangen Sie zum Finsterbach-Wasserfall, zum Kesselfall und zum 34 m hohen Schleierfall. Gesamtgehzeit ebenfalls 1½ Stunden.

DER OSSIACHER SCHLUCHTWEG

Vom Stift zum Tauernteich

6,5 km | 3:45 h | 380 hm | 380 hm | 62

START | Ossiach (510 m); Bushaltestelle und Parkplatz vor der Stiftskirche.
[GPS: UTM Zone 33 x: 422.212 m y: 5.169.796 m]
CHARAKTER | Romantische Schluchtwanderung auf markierten Wegen und einem schmalen, steilen und steinigen Pfad, der bei Nässe rutschig wird und Trittsicherheit erfordert. Wer auf dem Schluchtweg nicht mehr absteigen möchte, kann auf der teils geschotterten Tauernstraße nach Ossiach hinuntermarschieren.

Das ehemalige Benediktinerstift Ossiach ist nicht nur Kunstfreunden ein Begriff. Das kleine Dorf rund um die prachtvoll ausgestaltete Kirche empfiehlt sich auch als Urlaubsort, der ein schönes Strandbad und schattige Wanderwege im Bereich des Ossiacher Tauern bietet. Der schönste davon führt durch eine unspektakuläre, aber romantsiche Waldschlucht zum weltentlegenen Tauernteich. Als „Tauern" werden ja eigentlich nur hochgelegene Alpenpässe in der gleichnamigen Gebirgsgruppe zwischen der Steiermark und dem Salzburger Pinzgau bezeichnet – doch dieser „Tauern außerhalb der Tauern" legt nahe, dass der möglicherweise keltische Begriff wohl einfach nur „Übergang" bedeutet.

Vom Parkplatz hinter der ehemaligen Stiftskirche **Ossiach** 01 wandern Sie, den Markierungen des Alpe Adria Trails und des Slow Trails Richtung Steindorf folgend – auf Wald- und Wiesenwegen in gut 30 Minuten in den Ortsteil **Rappitsch** 02 (519 m).

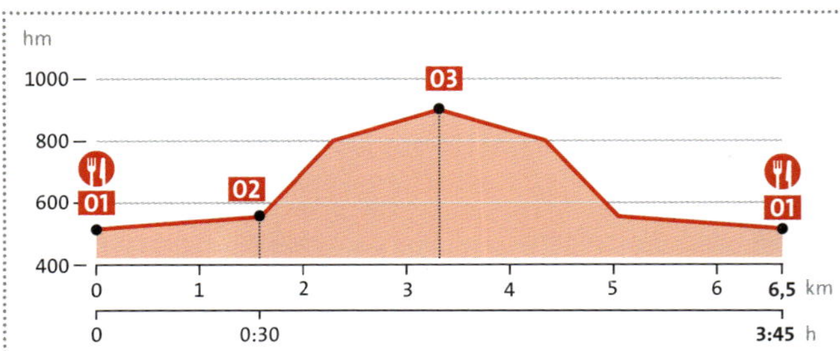

01 Ossiach, 510 m; 02 Rappitsch, 519 m; 03 Tauernteich, 910 m

Der kleine Rappitschbach plätschert durch eine bezaubernde Schlucht.

Moorschwarzes Wasser, von stillen Wäldern umgeben – der Tauernteich.

Nach der Überquerung der Landesstraße gehen Sie gemäß der Beschilderung „Ossiacher Tauern Teich“ (Nr. 64) neben dem Rappitschbach in den Wald hinauf. Dort überqueren Sie eine Forststraße und folgen dem Weg zum Bach, der zwischen moosbewachsenen Steinen talwärts plätschert. Das Schild „Ossiacher Schluchtweg, Ossiacher Tauernteich“ (Nr. 1732) lenkt Sie nach rechts hinauf. Über teils hohe Holzstufen steigen Sie neben den kleinen Kaskaden zu einer weiteren Forststraße an. Oberhalb davon erleichtert eine Metalltreppe die Überwindung eines Felsens. Nach einem Gedenkstein überqueren Sie eine dritten Forststraße und erreichen den obersten Abschnitt der Schlucht. Dort kommen Sie unter einem Felsvorsprung und über einige Stege zu einer Wildbachverbauungsmauer und zu den Mauerresten einer Mühle. Oberhalb davon leiten Stufen zur Ossiacher Tauernstraße, auf der Sie rechts in 5 Minuten zum **Tauernteich** 03 (910 m) gelangen. Wer will, kann auch links zur 10 Minuten entfernten, spätgotischen Tauernkirche gehen. Die letzte Filialkirche des Stiftes Ossiach steht neben einem Gutshof auf einer großen Wiese.

Der Abstieg erfolgt auf derselben Route.

Unten: Die Stiftskirche von Ossiach ist ein Kulturschatz erster Güte.

DOBRATSCH • 2166 m

Guter Berg, böser Berg

8 km | 3:00 h | 510 hm | 510 hm | 64

START | Parkplatz Roßtratte (1732 m) am Ende der 16,5 km langen, asphaltierten und mautpflichtigen Villacher Alpenstraße, die am Westrand von Villach von der B 86 abzweigt; Endstation des Dobratsch Naturpark Shuttlebus (www.villacher-alpenstrasse.at). [GPS: UTM Zone 33 x: 401.245 m y: 5.160.779 m]
CHARAKTER | Aussichtsreiche Bergwanderung auf einer etwas mühsam zu begehenden Schotterstraße und auf markierten Pfaden; im Sommer mitunter sehr heiß. Bei schlechter Sicht sollte man vor allem beim Abstieg auf der Schotterstraße bleiben.

Das Massiv der Villacher Alpe ist in halb Kärnten gut zu sehen. Daher zieht es viele auf seinen höchsten Gipfel, den Dobratsch. Sein Name könnte im Zusammenhang mit dem slowenischen Begriff „daber" (= Schlucht) sehen.
Anno 1348 zerbarst nach einem Erdbeben die ganze Südflanke des Massivs; ein gewaltiger Bergsturz verschüttete damals einige Bereiche des Gailtals. Außerdem zerstörte 1879 eine Lawine aus dem Alpenlahnerkar fast ganz Bleiberg. Kein Wunder also, dass die Menschen schon sehr früh Hilfe von oben erflehten und auf dem Gipfel gleich zwei Andachtsstätten errichteten. Mittlerweile hat man ein 7270 Hektar großes Gebiet rund um den Dobratsch als Naturpark ausgewiesen. Das Wahrzeichen des Berges ist jedoch technischer Natur: Ein 164 m hoher Sendemast, den der Voksmund „Fernsehspargel" taufte.

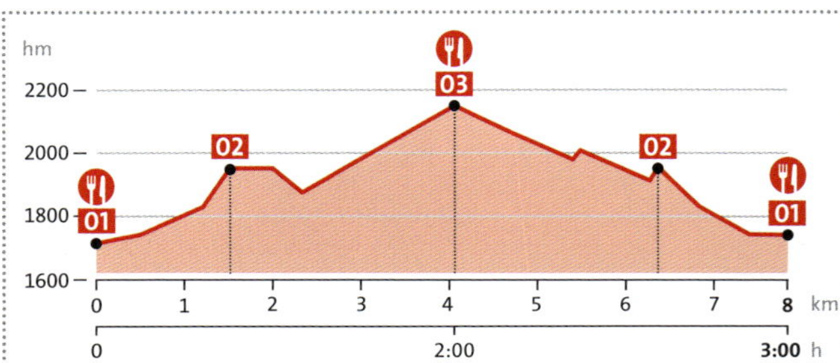

01 Parkplatz Roßtratte, 1732 m; 02 Zehnerhütte, 1956 m;
03 Dobratsch, 2166 m

Die „Deutsche Kapelle“ erinnert an eine Marienerscheinung am Berg.

▶ Vom **Parkplatz Roßtratte** 01 wandern Sie auf der geteerten Straße mit der Markierung Nr. 291/294 Richtung „Dobratsch Gipfelhaus“, an der nahen Almhütte auf der Roßtratte (und an einigen geologischen Installationen) vorbei. Dann geht's auf einem groben Fahrweg steiler zu einer Rechtskehre hinauf – von dort kann man einen 10-Minuten-Abstecher zur links gelegenen Panoramaplattform „Gams- und Gipfelblick“ einschieben. Ansonsten geht's auf der Schottertraße noch 350 m weiter bergauf, bis man nach einer kleinen Mulde am Höhenrain (1825 m) links auf den Pfad Nr. 294 mit dem Wegweiser „Zehnernock“ abzweigt. Er führt über den steilen Wiesenhang zur **Zehnerhütte** 02 (1956 m) hinauf. Das ehemalige Lifthäuschen steht auf der Kuppe des Zehnernocks, von der man ins 1400 m tiefer gelegene Gailtal, ins Bergsturzgelände der Schütt und auch zum Gipfel sieht, und dient heute als Erste-Hilfe-Station.

Die „Rote Wand" geht auf den Dobratsch-Bergsturz von 1348 zurück.

Nun wandern Sie nach dem Wegweiser „Dobratsch Gipfelhaus" am linken Rand des Wiesenrückens weiter und kurz in eine mit Latschen bewachsene Mulde hinab. Dort mündet von links der Jägersteig ein. Diesem folgen Sie nach rechts. Nahe den Südabstürzen des Dobratschmassivs wandern Sie nun zwischen Latschen und über einige kleine Felsstufen zu den Wiesen im Gipfelbereich hinauf, wo Sie beim Sendeturm des Österreichischen Rundfunks wieder auf die Schotterstraße treffen. Diese führt zum nahen, erst 2010 neu und recht futuristisch erbauten **Dobratsch Gipfelhaus** (2143 m). Gleich oberhalb davon steht das Gipfelkreuz des **Dobratsch** 03 (2166 m). Dort genießen Sie nach 2 Stunden Aufstiegszeit ein weites Panorama vom Großglockner im Westen bis zur Koralpe im Osten und vom Dachstein im Norden bis zu den Julischen Alpen im Süden. Eine Panoramascheibe informiert über viele weitere Berge, die in der Ferne zu entdecken sind. Im Gipfelbereich befinden sich zudem zwei der höchstgelegenen Sakralbauten der Ostalpen: die „Windische Kapelle", die eine Frau im Jahre 1690 nach der wundersamen Heilung ihres Sohnes erbauen ließ, und die kleine, aber mit einem Türmchen geschmückte Deutsche Kapelle (Maria am Stein), die 1730 an der Stelle einer älteren Holzkapelle der Bleiberger Bergknappen errichtet wurde.

Im Abstieg marschieren Sie auf dem Fahrweg ca. 1 km auf dem Rücken auf die Kuppe des Elfernocks zu. Auf etwa 2100 m Seehöhe biegen Sie rechts auf den beschilderten Panoramaweg ab und folgen seinen rot-weiß-rot markierten Pfadspuren durch den Südhang des sanft gewölbten, mit einem Kreuz geschmückten Zwöfernocks (2049 m) bis zur **Zehnerhütte** 02. Der weitere Abstieg zum **Parkplatz Roßtratte** 01 erfolgt auf der Zugangsroute – man kann aber natürlich auch auf der Schotterstraße im Norden des Zehnernocks hinuntergehen.

Weiter oben zeigen sich der „Fernsehspargel" und der Zwölfernock.

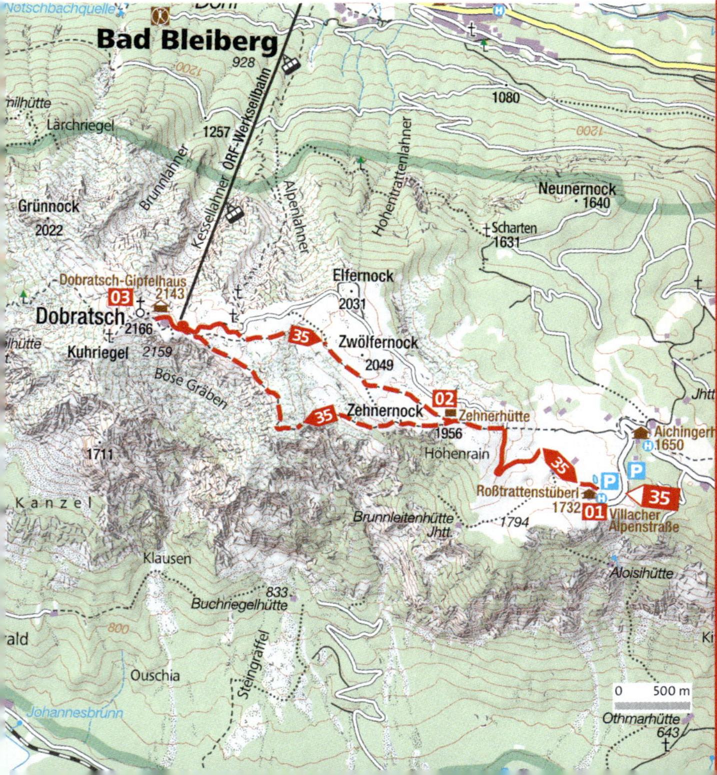

PETELIN • 802 m – TABOR • 724 m

Gipfel mit Geheimnissen

12,5 km | 4:30 h | 640 hm | 640 hm | 61

START | Egg am Faaker See (573 m); Bushaltestelle im Ort, Parkplatz bei der Tourismusinformation im Nachbarort Drobollach an der Seeblickstraße (Richtung Villach).
[GPS: UTM Zone 33 x: 418.425 m y: 5.159.893 m]
CHARAKTER | Einsame Talwanderung auf guten, aber stellenweise steil ansteigenden Wegen und Pfaden.

Im Osten des 2,3 km langen, fast ebenso breiten und bis zu 29 m tiefen Faaker Sees erheben sich einige Waldhügel, in denen verborgene Kraftplätze und sagenumwobene Örtlichkeiten zu entdecken sind. Eine dieser Kuppen ist der für seine See-Sicht berühmte Tabor oberhalb von Egg, doch auch der Wauberg, der Petelin und der Bleiberg lohnen einen Besuch – am besten im Rahmen einer Rundwanderung durch das stille und kaum bekannte „Hinterland“ des Faaker Sees.

Der Startpunkt dieser Wanderung befindet sich im Ortszentrum von **Egg am Faaker See 01**, nahe dem Hotel Kanz. Wer in Drobollach parkt, wandert von der Tourismusinformation Drobollach Richtung Strandbad zur Seepromenade, auf dieser links zum Hotel Karnerhof und weiter nach Egg (1,6 km).

Jenseits der Egger Seeuferstraße gehen Sie zur kleinen Andreas- und Jakobskirche, vor der Sie

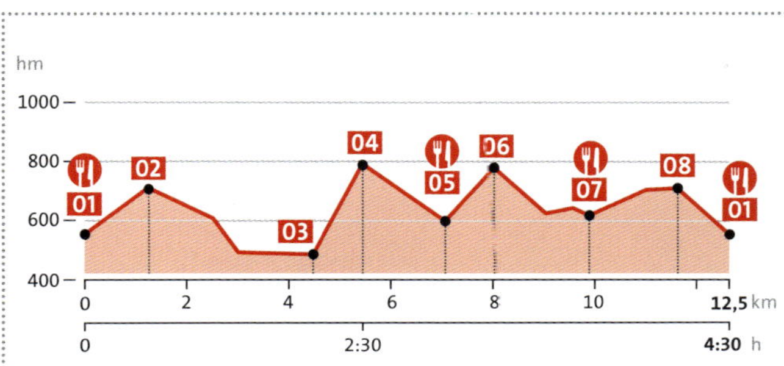

01 Egg am Faaker See, 573 m; 02 Wauberg, 689 m; 03 St. Martin, 501 m; 04 Petelin, 802 m; 05 Ledenitzen, 615 m; 06 Bleiberg, 772 m; 07 Petschnitzen, 620 m; 08 Tabor, 724 m

Start und Ziel – Neu Egg am Faaker See mit Blick zum Dobratsch.

rechts abzweigen. Bald geht's links auf dem Taborweg aufwärts. Am Kinderspielplatz vorbei kommen Sie zu einer Abzweigung, von der Sie links weitergehen. Bald führt links ein kurzer Stichweg auf den **Wauberg** 02 (689 m). Auf diesem Kegelberg fand man jungsteinzeitliche Keramik und Relikte aus der Römerzeit; umstritten bleibt die Bedeutung einer gemauerten Vertiefung und alter Steinfundamente. Zwischen den Bäumen sieht man zu den Karawanken und zur Drau.

Nach der Rückkehr zur Abzweigung unter dem Berg steigen Sie links (nach Osten) ab. In der Mulde der Petschnitzen biegen Sie links Richtung St. Martin ab und durchqueren eine Waldschlucht am Fuße des Rudniks (717 m). Dieser Name bedeutet im Slowenischen soviel wie „Bergwerk" – und tatsächlich findet man in seinem Vorberg einige Stollen, die jedoch nicht mehr begehbar sind. Danach geht's hinüber zu den St. Martiner Moorwiesen, wo Sie sich nach rechts wenden und neben dem Pfadfinderlager Techuana zu einer Straße gelangen. Diese führt links in die Ortschaft **St. Martin** 03 (501 m).

Bei den ersten beiden Häusern des Dorfes weist die Beschilderung rechts Richtung Petelin, was auf Slowenisch „Hahn" bedeutet. Der Weg auf diesen Berg – den höchsten in der Runde – führt zu einer Forststraße, der Sie nur einige Meter nach links folgen. Weiter oben kreuzt der Pfad eine weitere Forststraße. Zuletzt folgt ein steiler, bei Nässe sehr rutschiger „Wurzelanstieg" zu einer Geländekante und daneben auf den Gipfel des **Petelins** 04 (802 m), von dem man bis zum Wörthersee sieht. Gehzeit ab Egg 2 ½ Stunden.

Der Abstieg erfolgt südwärts auf einem Waldweg zu einer Forststraße, auf der Sie rechts weitergehen. Vorbei an der Einmündung des Jakobsweges von der Humkirche gelangen Sie zur Ferienanlage Forellenhof oberhalb von **Ledenitzen** 05 (615 m). Von dort geht's auf der Straße kurz nach rechts Richtung St. Martin. Nach 100 m biegen Sie links auf die zweite

Straße, den Römerweg, ab und wandern bald auf dem rechts abzweigenden Waldweg weiter. Von der nächsten Gabelung steigen Sie rechts auf den völlig bewaldeten **Bleiberg** 06 (772 m) – der höchste Punkt befindet sich etwas rechts des Weges.

Dank der Markierung ist der Abstieg nach Westen trotz mehrerer Forststraßen-Querungen gut zu finden. Durch Wiesen kommen Sie in das kleine Dorf **Petschnitzen** 07 (620 m) mit seiner schönen Pfarrkirche und seinem markanten Kapellen-Bildstock, wo Sie beim Taborhof rechts auf die Taborstraße abzweigen.

Sie verlassen die Straße schon nach wenigen Metern links Richtung Tabor. Man kann den westlichsten der vier Gipfel auf einem direkten Waldweg oder auf einer etwas weiter nördlich verlaufenden Route erwandern. Auf jeden Fall bietet der 724 m hohe **Tabor** 08, ein Tafelberg mit Konglomeratwänden, mit seiner gleichnamigen Hütte eine wirklich empfehlenswerte Einkehrstation (Tipp: Schwarzbeeromlette). Am besten schmaust man auf der Terrasse, von der man eine großartige Aussicht über den Faaker See, zum Dobratsch und bis zu den Karnischen Alpen genießt.

Der Abstieg folgt kurz der Straße und dann links dem steilen Weg Richtung Egg zur Zugangsroute. Auf dieser geht's links zum Spielplatz und nach **Egg am Faaker See** 01 zurück.

Wandern im Zauberwald?

Wie Zauberei erscheint auch der Regenbogen vor dem Mittagskogel.

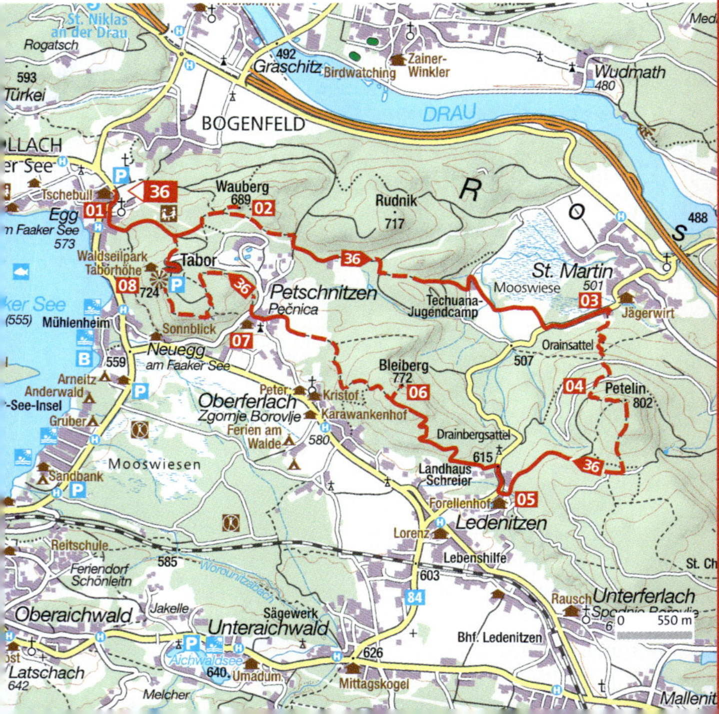

VOM FAAKER SEE ZUM AICHWALDSEE

Auf der Fährte des Fuchses

9 km | 3:00 h | 200 hm | 200 hm | 61

START | Faak am See (565 m), Parkplatz beim Strandbad Faak oder beim Natur Aktiv Park an der Seeufer Landesstraße (gegenüber Camping Anderwald, Richtung Egg).
[GPS: UTM Zone 33 x: 418.009 m y: 5.157.659 m]
CHARAKTER | Erlebnisreiche Talwanderung für die ganze Familie auf ruhigen Nebenstraßen und markierten Wegen.

Im Südosten des Faaker Sees breitet sich eine teils flache, teils sanft hügelige Waldlandschaft aus, in der es viel zu entdecken gibt. So finden Sie dort einen kleinen, noch fast unberührten See und etliche Attraktionen, die speziell für Kinder erdacht und realisiert wurden. Die kleinen Wanderer sollten sich vor dem Wegmarschieren in einem der Tourismusbüros das kostenlose Mitmachheft für die „Fuchsfährte" holen – dann müssen Sie für den Ausflug zwar mindestens doppelt so viel Zeit einplanen, haben aber auch bestimmt doppelt so viel Spaß miteinander!

Egal, wo Sie in **Faak am See** 01 auch parken – zunächst einmal wandern Sie auf dem Gehsteig der Seeuferstraße zur Brücke über den Worounitzabach (auf Slowenisch „Föhrenbach"). Tatsächlich führt der Aichwaldsee-Rundweg nun neben dem Bach durch Föhrenwald nach Osten. Sandbänke laden zum Verweilen ein. Nach 900 m folgen Sie geradeaus dem Workout-Parcours des Natur Aktiv Parks. Von der nächsten Gabelung gehen Sie rechts weiter, unterqueren bald die Bahnlinie und kommen zu einem ehemaligen Sägewerk am Rand der Ortschaft **Ledenitzen** 02 (626 m).

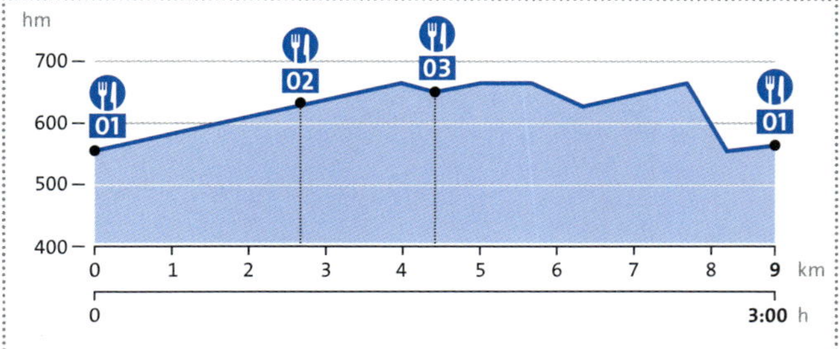

01 Faak am See, 565 m; 02 Ledenitzen, 626 m; 04 Aichwaldsee, 640 m

Sie gehen rechts zum Hotel Mittagskogel an der Kreuzung Egger Straße – Aichwaldseestraße (B 85). Nach ihrer Überquerung wandern Sie wieder in den Wald und zu einer Brücke über den Worounitzabach. Jenseits spazieren Sie am Waldrand zum Aichwaldseeweg, an dem Sie das Naturbad des Kulturgartens am **Aichwaldsee** 03 (640 m, Cafè Seerose) erreichen.

In der Folge marschieren Sie auf dem Aichwaldseeweg weiter nach Westen. In einem kleinen Graben nahe dem Westufer des Sees biegen Sie rechts ab und überqueren kurz darauf die Aichwaldseestraße nochmals. Jenseits führt Sie der Aichweg – bei einer Abzweigung geradeaus bleibend – zur „Fuchsfährte" bei Oberaichwald. Bei den dortigen Erlebnisstationen müssen die Kleinen natürlich Fuchs Fidelius beim Lösen der Rätsel um die Gans Frida helfen. Beim Dorfwirt im Hoteldorf Schönleiten empfiehlt sich wieder eine Rast – nicht nur wegen des

Zuletzt noch eine Tretboot-Runde?

Streichelzoos. Dann geht man am besten auf der Dorfstraße nach Westen und biegt ca. 70 m vor einer Kreuzung rechts auf einen unscheinbaren Pfad zwischen den Häusern ab. Das ist der „Stufenweg", der zur Bahn und zum Faaker See hinunterführt. Damit sind Sie wieder am Rand von **Faak am See** 01, wo Sie neben der Seeuferstraße noch ein Stück nach rechts oder nach links zu Ihrem Parkplatz zurückmarschieren müssen.

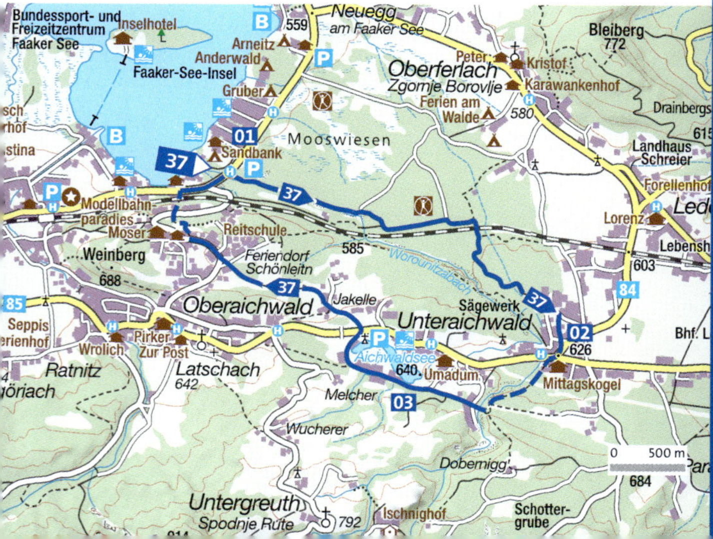

AUF DEN KANZIANIBERG • 795 m

Kneippweg, Kletterfels & Kulturschätze

7 km | 2:00 h | 270 hm | 270 hm | 61

START | Finkenstein am Faaker See (562 m); Parkplatz „Auf der Heide“ beim Sportplatz (800 m östlich des Ortes an der B 85). [GPS: UTM Zone 33 x: 414.256 m y: 5.156.974 m]
CHARAKTER | Kurze Bergwanderung für die ganze Familie auf gut markierten Waldwegen.

Müde Beine, brennende Fußsohlen? Kein Problem bei dieser Tour, die rund um den Kanzinaiberg an sieben liebevoll gestalteten Kneipp-Stationen vorbeiführt. Der felsige Monolith oberhalb von Finkenstein am Faaker See ist eines der interessantesten Wanderziele Kärntens. Auf seiner Kuppe konnte eine jungsteinzeitliche Siedlung nachgewiesen werden; heute trägt sie eine dem heiligen Kanzian geweihte Bergkirche. Seine Südwestwände locken dagegen die Kletterzunft an: Der Kanzianiberg gilt als österreichweiter Hotspot des vertikalen Sports.

▶ Vom Parkplatz beim **Sportplatz von Finkenstein** 01 folgen Sie der blauen Wassertropfen-Markierung unter der Hochspannungsleitung durch und neben dem Sportplatz in den Wald. Der Weg wendet sich bald nach rechts und führt zum Kneipp-Rastplatz auf der Viktorhöhe oberhalb von Finkenstein. Unter der Hochspannungsleitung führt der Weg wieder links in den Wald und zum Kneipp-Fußbad im Fuchsgraben. Dann geht's rechts auf einen Hügel vor dem Kanzianiberg, wo Sie die **„Schöne Aussicht“** 02 (654 m) mit einer Panoramatafel erreichen.

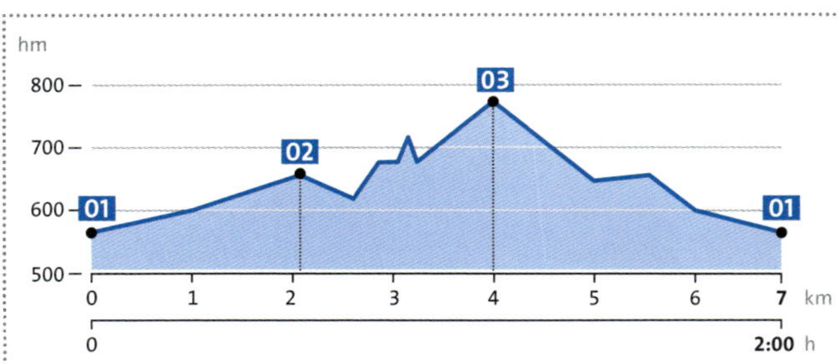

01 Sportplatz von Finkenstein, 562 m; 02 „Schöne Aussicht“, 654 m; 03 Kanzianiberg, 795 m

Sogar bei Regen ist die Wanderung auf den Kanzianiberg ein Erlebnis.

In der Folge wandern Sie auf einem Forstweg und dann neben der Altfinkensteiner Straße westlich um den Kanzianiberg herum. Links ragen die wilden Felsklötze und die senkrechten Wände des Klettergartens empor. Nach einem renovierten Kalkofen biegen Sie links nach dem Wegweiser „Kanzianiberg“ ab, wandern an einer Infostation über das Bergbauernleben vorbei und erreichen das kleine Kneipp-Fußbad bei einem Biotop. Von der folgenden Gabelung steigen Sie dann links über die steile und dicht bewaldete Ostseite auf den **Kanzianiberg** 03 (795 m) hinauf. Hinter einem alten Gehöft wird der Pfad recht felsig. Vorbei an einigen Kapellen erreichen Sie schließlich die Bergkirche, die 1301 erstmals urkundlich erwähnt und nach der Zerstörung durch die Türken 1486 neu geweiht wurde. Wahrscheinlich war der Berg aber schon lang vorher eine Kultstätte. Ein kurzer Pfad führt zu einer Aussichtsbank.

Nach dem Abstieg geht's links auf dem beschilderten Kneippweg in den Fuchsgraben zurück und auf der Zugangsroute über die Viktorhöhe zum Parkplatz beim **Sportplatz von Finkenstein** 01.

MITTAGSKOGEL • 2145 m

Ein Gipfel als See-Skyline

14,5 km | 7:00 h | 1180 hm | 1180 hm | 61

START | Illitsch Raut (970 m) südlich von Ledenitzen; Zufahrt vom Hotel Mittagskogel auf der B 85 ca. 200 m nach Osten (Richtung Autobahn), rechts Richtung Kopein (ab hier Wegweiser „Bertahütte“) und nach weiteren 750 m rechts auf die Forststraße abzweigen; nach etwa 2,7 km eingeschränkte Parkmöglichkeit bei einer Linkskurve nahe dem Bach (oft schon früh besetzt).
Die Weiterfahrt ist bis zu einem Schranken auf 1170 m Seehöhe möglich, wegen des schlechten Zustands der Fahrbahn aber nur für Fahrzeuge mit großer Bodenfreiheit bzw. Allradantrieb ratsam. [GPS: UTM Zone 33 x: 419.061 m y: 5.154.084 m]
CHARAKTER | Anspruchsvolle Bergtour auf einem steilen Fahrweg, Waldwegen und einem gut markierten, aber stellenweise ausgesetzten und gesicherten Bergpfad durch steiles Geröll-und Felsgelände, das Trittsicherheit und Schwindelfreiheit erfordert. Im Sommer oft sehr heiß, daher frühzeitig starten!

Eines der bekanntesten „Postkartenmotive“ Kärntens zeigt einen schönen Bildstock in Egg am Faaker See mit dem dahinter aufragenden Mittagskogel. Es ist keine einfache Wanderung, die auf dieses markante Felstrapez hinaufführt, sondern eine lange Tour für geübte und erfahrene Bergsteiger – und eine Tour, die immer wieder unterschätzt wird: Besonders im Hochsommer heizt die Sonne im ostseitigen Mittagskogelkar gnadenlos ein, während sich Ge-

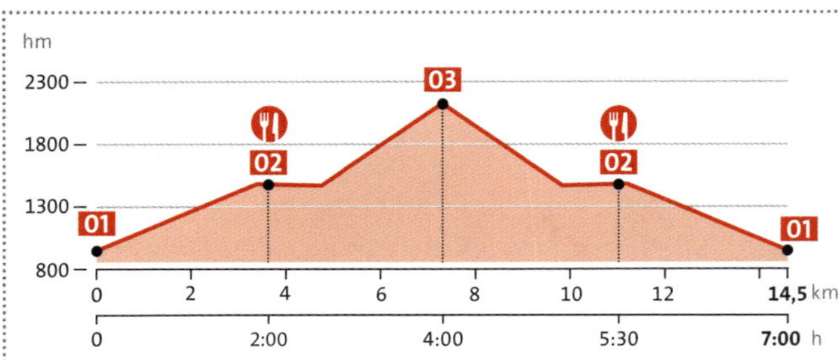

01 Illitsch Raut, 970 m; 02 Bertahütte, 1527 m; 03 Mittagskogel, 2145 m

Die felsstarrende Nordseite des Mittagskogels im Abendlicht.

witterwolken mitunter in Windeseile über den Gipfelgrat wuchten. Selbst für den fahrbaren Untersatz kann der Weg zum Mittagskogel zum Elchtest werden: Normale PKW sollte man besser schon am Fuße des Berges parken, denn der weiter hinaufführende Fahrweg ist fast so wild zerfurcht wie der Berg selbst. Damit wird die Tour zwar um einiges länger, aber es gibt ja die gastliche Bertahütte, in der man sie mit Genuss auf zwei Tage aufteilen kann!

▶ Von **Illitsch Raut** 01 wandern Sie auf der ruppigen Schotterstraße (Nr. 603, 680) bergwärts; etliche Kurven lassen sich auf Pfaden abkürzen. Knapp vor dem oberen Parkplatz steigt man links auf einem steilen, aber weitaus besser begehbaren Waldweg direkt zur **Bertahütte** 02 (1527 m) des Alpenvereins an. Gehzeit knapp 2 Stunden.

Nach einem kurzen Abstieg in den Ferlacher Sattel (1500 m), wo die Schotterstraße gequert wird, wandern Sie auf dem Hornerweg (Nr. 680) im sanften Auf und Ab durch die schütter bewaldete, mit Latschen bewachsene und von Geröllrinnen zerfurchte Nordostfanke des Mittagskogels; Stufen und Stahlseile helfen über einige Stellen. So gelangen Sie in die Mulde des Mittagskogelkars, durch die Sie rechts in Kehren ansteigen. Dabei sind Schutt und glatte, abwärts geschichtete Felsen zu überwinden – da und dort muss man „auf Reibung" gehen (und auf seine

Hier ist ein sicherer Tritt gefragt.

Gummisohlen vertrauen). Schließlich erreichen Sie durch einen steilen Grashang und rötliches Gestein den Hauptkamm der Karawanken (Staatsgrenze). Im Süden erscheinen die Julischen Alpen mit dem Triglav. Auf bzw. rechts neben der luftigen Schneide erklimmen Sie zuletzt den Gipfel des **Mittagskogels** 03 (2145 m), von dem sich dann auch der Faaker See in voller Pracht zeigt. Das Gail- und das Drautal liegen tief unten und ganz im Westen sind bei klarer Sicht sogar ein paar Dolomitenberge erkennbar. Die Aufstiegszeit von der Hütte beträgt 2 Stunden.

Der Abstieg erfolgt auf der gleichen Route und nimmt 1½ Stunden in Anspruch – weiter bis **Illitsch Raut** 01 sind es dann nocheinmal knapp 1½ Stunden.

Burgruine Finkenstein

Zwischen dem Faaker See und dem Mittagskogel thronen die imposanten Mauerreste der Burg Finkenstein auf einem 800 m hohen Waldhügel. Urkundlich erwähnt wurde der Trutzbau erstmals im Jahre 1142. Die Burg Finkenstein war im Besitz der Herzöge von Kärnten, die ihre Ministerialen, die Finkensteiner, damit belehnten. Am Ende des 18. Jahrhunderts verließen sie ihre letzten Bewohner. Die Burgmauern verfielen, erleben jedoch heute einen zweiten Frühling als Kultur- und Event-Location. Knapp 1200 Personen finden hier vor der beeindruckenden Bergkulisse der Karawanken Platz. Auf ihrer einzigartigen Open-Air-Bühne geben Sommer für Sommer Opern- und Schlagerstars, Popbands und Kabarett-Lieblinge ihr Bestes. Die beschwingte, südländisch-heitere Stimmung in der sorgsam renovierten Burgruine sorgt an lauen Sommerabenden für Gänsehaut-Feeling. Und sollte es einmal regnen, dann finden die Veranstaltungen in der Musik & Event Hall unterhalb der Burgarena Finkenstein statt. Infos: www.burgarena.at

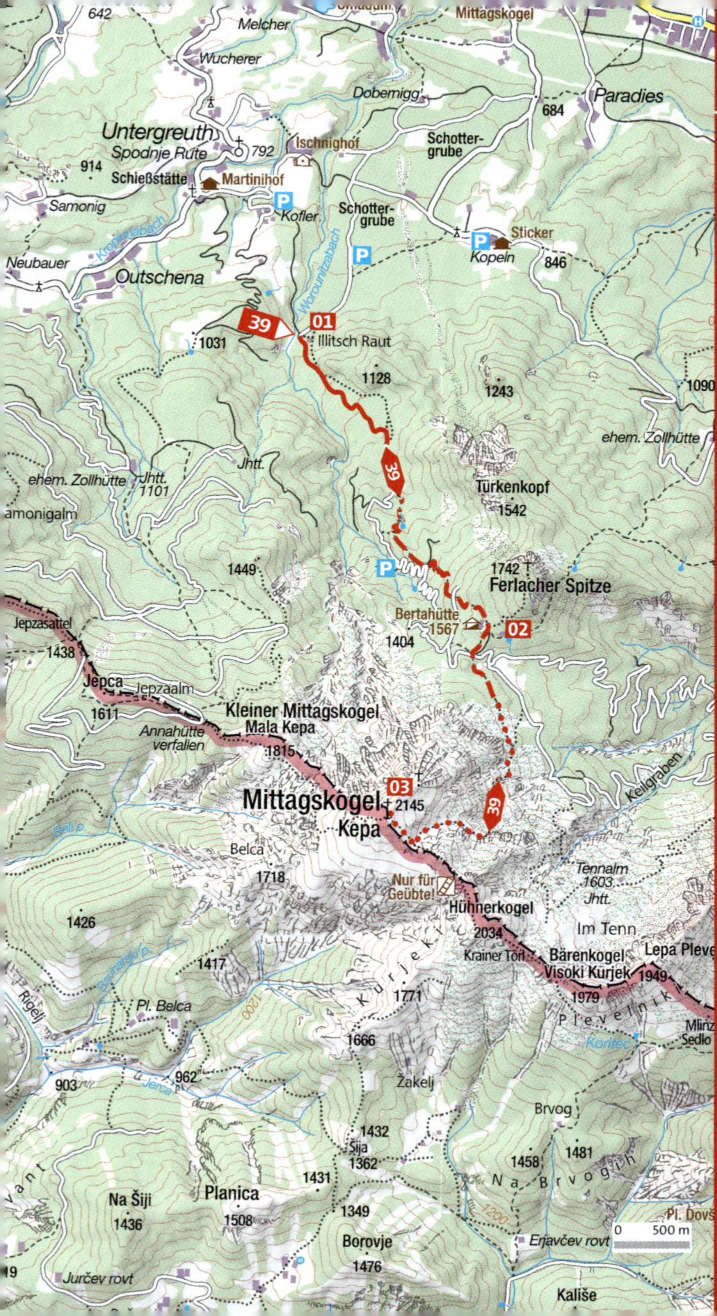
642
Melcher
Mittagskogel
Wucherer
Dobernigg
Paradies
684
Untergreuth
Spodnje Rute
792
Ischnighof
Schotter-
grube
914
Schießstätte
Martinihof
Samonig
Kofler
Schotter-
grube
Sticker
Kopein
846
Neubauer
Outschena
Worounitzabach
39
01
Illitsch Raut
1031
1128
1243
1090
ehem. Zollhütte
Jhtt.
ehem. Zollhütte
Jhtt.
1101
Türkenkopf
1542
amonigalm
1449
1742
Ferlacher Spitze
Bertahütte
1567
02
1404
Jepzasattel
1438
Jepca
Jepzaalm
1611
Kleiner Mittagskogel
Mala Kepa
Annahütte
verfallen
1815
03
Mittagskogel
2145
Kepa
Keilgraben
Belca
1718
Nur für
Geübte!
Tennalm
1603
Jhtt.
Hühnerkogel
2034
1426
Im Tenn
Krainer Törl
Bärenkogel
Visoki Kurjek
1949
Lepa Pleve
1417
Kurjek
1771
1979
Plevelnik
Pl. Belca
1666
Konjec
Mlinz
Sedlo
903
962
Jerca
Žakelj
Brvog
1432
Šija
1362
1458
1481
Na Brvogih
1431
Na Šiji
1436
Planica
1508
1349
Borovje
1476
Erjavčev rovt
0
500 m
Pl. Dovš
Jurčev rovt
Kališe

ZUM SAISSER SEE

Velden einmal anders!

7 km | 2:30 h | 200 hm | 200 hm | 61

START | Velden am Wörthersee (460 m); Bushaltestelle und Bahnhof; Parkplätze hinter dem Spar-Markt an der Klagenfurter Straße (am Nordufer Richtung Pörtschach) und an der Augsdorfer Straße (vom Seecorso am Südufer beim Strandhotel Morak 100 m bergwärts).
[GPS: UTM Zone 33 x: 426.787 m y: 5.162.471 m]
CHARAKTER | Einfache Wanderung für die ganze Familie auf ruhigen Nebenstraßen und markierten Waldwegen.

Der 200 m lange und gut 6 m tiefe Saisser oder Jeserzer See verbirgt sich in den dichten Wäldern im Norden der glamourösen Wörthersee-Destination Velden. Die Moore an seinem Ufer färben das Wasser bräunlich; in der Tiefe bilden Armleuchteralgen einen durchgehenden „Teppich". Der See liegt mitten in einem Landschaftsschutzgebiet; an einer Stelle darf man aber baden – ein guter Grund mehr, dieses stille Naturparadies auch einmal zu erwandern.

▶ Der wohl schönste Startpunkt für die Tour zum Saisser See ist die Schiffsanlegestelle an der Seepromenade in **Velden am Wörthersee** 01, direkt vor dem berühmten Schlosshotel. Von dort spazieren Sie auf dem Seecorso neben dem Kurpark zum Gemona- und zum Karawankenplatz, wo Sie die Villacher Straße überqueren. Links neben der Raiffeisenbank geht's auf der Kranzlhofenstraße weiter. Ungefähr 60 m nach der Brücke über den Damtschacher Bach zweigen

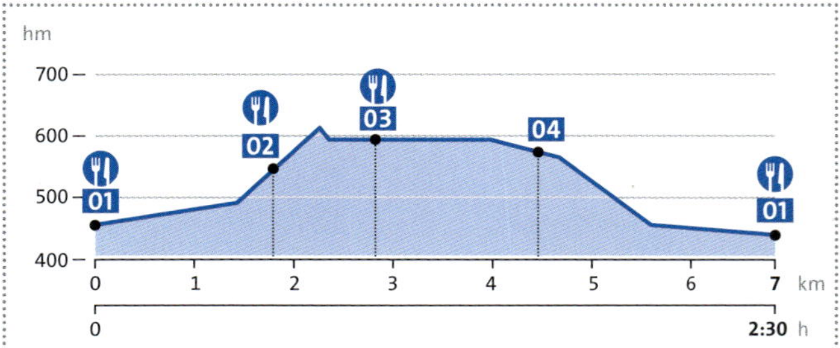

01 Velden am Wörthersee, 460 m; 02 Kranzlhofen, 544 m;
03 Saisserach am See, 593 m; 04 Göriach, 544 m

Sie links auf den Wanderweg Nr. 2 ab und wandern in den bewaldeten Teufelsgraben hinein. Dort unterqueren Sie die Südbahnlinie und steigen schließlich über eine Treppe zu einer Forststraße an. Auf dieser wenden Sie sich kurz nach rechts, bis der Wanderweg links weiterführt. Auch der nächsten Forststraße folgen Sie ein paar Schritte nach rechts, dann gelangen Sie links zum Durchgang unter der Autobahn. dahinter erreichen Sie die ersten Häuser der Ortschaft **Kranzlhofen** 02 (544 m). Neben der spätgotischen Kirche, die noch einen romanischem Turm besitzt, lädt das Hotel-Restaurant Marko zur Einkehr.

Start beim Schlosshotel Velden.

Auf der Köstenberger Straße gehen Sie nun 50 m nach links, bis rechts der Wanderweg zum Saisser See abzweigt. Er führt durch dichte Wälder zu seinem Westufer und in die kleine Ortschaft **Saisserach am See** 03 (593 m).

Von dort führt der Wanderweg Nr. 12 rechts wieder zum Saisser See. An seinem Ostufer lädt eine kleine Badewiese zum Verweilen ein (geringe Benützungsgebühr). Bald darauf erreichen Sie die Köstenberger Straße, der Sie wenige Meter nach rechts folgen. Dann beginnt jenseits der Ernst-Ulbing-Weg, auf dem Sie nach **Göriach** 04 (544 m) hinüberwandern.

Dort biegen Sie scharf rechts ab und gehen auf der Göriacher Straße durch die Siedlung. Nach gut 300 m erreichen Sie beim Lokal „Am Heuboden“ einen schönen Laubenbildstock, vor dem ein geheimnisvoller Lochstein steht.

Von dort marschieren Sie links auf dem Kröllweg zur Autobahn hinab und nach dem Durchgang links auf dem Jägerweg zur Forstseestraße. Diese führt nach rechts zur Bahnunterführung beim Bahnhof Velden. Auf der Bahnhofstraße und rechts auf der Klagenfurter Straße gelangen Sie schließlich wieder ins Zentrum von **Velden am Wörthersee** 04.

So sieht man den wohl bekanntesten Ort am Wörthersee von Göriach.

„Es lächelt der See, er ladet zum Bade ...“ (Friedrich Schiller).

ZUM FORSTSEE

Naturidylle seit 1925

8 km | 2:30 h | 200 hm | 200 hm | 61

START | Velden am Wörthersee (460 m); Bushaltestelle und Bahnhof; Parkplatz hinter dem Spar-Markt an der Klagenfurter Straße (am Nordufer Richtung Pörtschach).
[GPS: UTM Zone 33 x: 427.162 m y: 5.163.178 m]
CHARAKTER | Einfache Wanderung im Orts- und Waldbereich auf ruhigen Nebenstraßen und markierten Wegen.

Auf natürliche Weise ist der 29 Hektar große Forstsee nordöstlich von Velden nicht entstanden. Er ist das Staubecken für ein Pumpspeicherkraftwerk, das 1925 unten am Wörtherseeufer in Betrieb ging. Trotzdem wirkt seine Wasserfläche inmitten weiter Wälder sehr harmonisch. Richtige Badestrände bietet er nicht, aber verschwiegene Minibuchten zum Planschen und von Eiszeitgletschern abgeschliffene Felsbuckel, auf denen man sich wunderbar sonnen kann – beides gerne auch ganz ohne Textilien: Der Forstsee gilt als Kärntens frei-

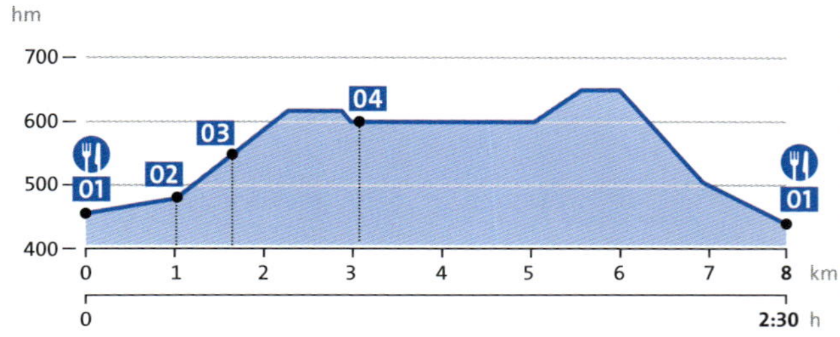

01 Velden am Wörthersee, 460 m; 02 Unterwinklern, 490 m; 03 Römerbrücke, 520 m; 04 Forstsee, 605 m

Ein Römerstein (links) und Schalensteine (unten) am Weg zum Forstsee.

zügigstes Badeparadies. Doch auch Jogger, Hunde, Mountainbiker und Wanderer umrunden sein klares Wasser oft in großer Zahl. Zu einer entschleunigten Annäherung motivieren ein Abstecher zu einer kaum bekannten Bergkirche, Erinnerungen von der Römerzeit bis Napoleon, die Suche nach insgesamt zehn Schalensteinen, die mit ihren akkurat ausgeriebenen Vertiefungen Rätsel aufgeben – und der neu ausgestaltete Slow Trail um den Forstsee, der auch zu einem Rastplatz mit exquisitem Wörtherseeblick führt.

Die Karawanken lugen über die weiten Wälder um den Forstsee hervor.

▶ Vom Parkplatz im Nordosten von **Velden am Wörtherse** 01 gehen Sie kurz zur Klagenfurter Straße und neben dieser nach links (Richtung Pörtschach), am Spar-Markt vorbei. Nach 90 m biegen Sie links auf die Unterwinklerner Straße ab, die unter der Bahnlinie durch in den Ortsteil **Unterwinklern** 02 (490 m) führt. Gleich nach der Durchfahrt wenden Sie sich nach rechts und spazieren an einem Teich vorbei zur Forstseestraße, der Sie ebenfalls kurz nach rechts folgen.

Am Fuß des Waldhügels, auf dem die romanische „Franzosenkirche" mit ihrem hölzernen Dachreiter steht (kurzer, lohnender Abstecher!) biegen Sie links (Markierung Nr. 1) ab und unterqueren bald darauf die Autobahn. Gleich danach beginnt der Slow Trail, der links in die sogenannte Römerschlucht hineinzieht. Durch den romantischen Waldgraben des meist nur spärlich plätschernden Köstenbergerbachs kommen Sie zur **Römerbrücke** 03 (520 m) am Ortsrand von Göriach, neben der ein (angeblicher) Römerstein steht. Von dort folgen Sie dem Slow Trail (Nr. 1, „Forstsee Runde") rechts zu einer Gabelung, von der Sie links auf einem Hohlweg zu einem Gedenkkreuz ansteigen (neben dem Weg, der dort bei einer Rastbank links wegführt, verbergen sich im Gebüsch der Lichtung mehrere Schalensteine). Der nächste Wegweiser verrät, dass Sie links noch 1,15 km zum **Forstsee** 04 (605 m) wandern müssen. Sie können das stille, waldumsäumte Gewässer bequem auf flachen Forststraßen und Waldpfaden umrunden. An seiner Nordseite überschreiten Sie seine kleine Staumauer. Im südlichen Bereich des Sees verläuft der Weg – gut gesichert – direkt durch die Uferfelsen.

Am Südufer zweigen Sie links zur „Veldener Aussicht" ab. Bald führt links ein kurzer Stichweg zur Felskanzel beim Hohen Kreuz, wo sich eine traumhafter Blick zum Wörthersee auftut. Danach führt der Slow Trail zurück zur **Römerbrücke** 03, von der Sie auf der Zugangsroute durch die Römerschlucht und bis nach **Velden am Wörtherse** 01 zurückwandern.

Nicht nur Wanderer haben sein Ufer für sich entdeckt.

PÖRTSCHACHER KULTURWANDERWEG

Zur Hohen Gloriette

6 km | 2:15 h | 180 hm | 180 hm | 61

START | Pörtschach am Wörthersee (444 m); Bushaltestelle, Parkplätze beim Bahnhof oder jenseits der Bahnlinie an der 10.-Oktober-Straße und an der Sportplatzstraße.
[GPS: UTM Zone 33 x: 434.114 m y: 5.165.128 m]
CHARAKTER | Kurze und einfache Wanderung für die ganze Familie auf Neben- und Forststraßen sowie Waldpfaden.

Nach der Eröffnung der Südbahnlinie im Jahre 1864 erlebte das kleine Dorf Pörtschach am Nordufer des Wörthersees einen unglaublichen Aufstieg zum mondänen Badeort. Adelige, Künstler und Industrielle verbrachten oft den ganzen Sommer in prunkvollen Hotels; manche ließen sich gleich eine Villa bauen. Kaiser Franz Joseph eröffnete 1899 höchstselbst die neue Süduferstraße. So ist es kein Wunder, dass auf einem der schönsten Aussichtsplätze über dem Ort, an dem sich schon vor 2000 Jahren ein Römerturm befunden haben soll, eine Gloriette errichtet wurde. Von der Zinnenmauer um den kleinen, von Säulen getragenen Tempel genießt man einen prachtvollen Blick auf den See und seine Inseln bis hinüber zum Kamm der Karawanken. Die Hohe Gloriette ist zudem einer der ruhigsten Plätze in der bezaubernden und waldreichen, aber da und dort durch den Verkehrslärm der Südautobahn arg beeinträchtigten Landschaft. Holzliegen laden zum Relaxen ein, Musik des Komponisten Johannes Brahms, der oft in Pörtschach komponierte, liegt in der Luft. Was für ein Wanderziel!

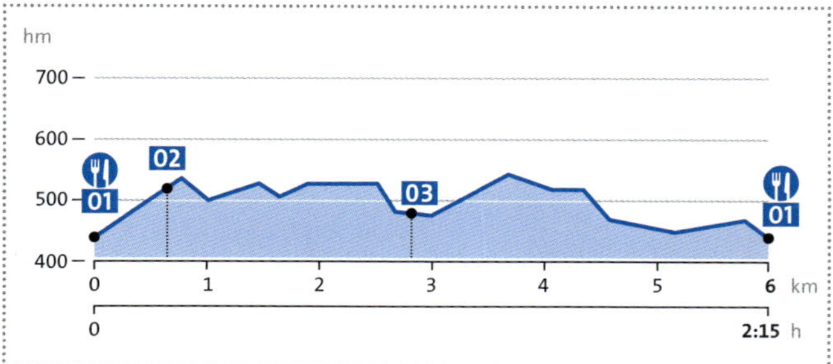

01 Pörtschach am Wörthersee, 444 m; 02 Hohe Gloriette, 534 m; 03 Moosburgerstraße, 520 m

Nicht nur das Schloss Schönbrunn in Wien besitzt eine Gloriette!

Von der Hauptstraße in **Pörtschach am Wörtherse** 01 biegen Sie beim Billa-Supermarkt auf die Moosburger Straße ab, die über den Bahnübergang und bald nach links führt. 200 m nach der katholischen Kirche zweigen Sie links auf den Waldweg zur Niederen Gloriette ab. Von diesem kleinen Aussichtspavillon wandern Sie hinab zur Leonsteiner Straße, der Sie scharf nach links zur 50 m entfernten Abzweigung des Glorietteweges folgen. Auf diesem gelangen Sie rechts zu einem weiteren Waldweg, der über Stufen zur **Hohen Gloriette** 02 (534 m) hinaufführt. Hier lohnt sich eine längere Rast.

Weiter geht's nach der Beschilderung „Wörthersee Rundwanderweg Aussichtspunkt Karawankenblick". Nach einer Linksabzweigung unterqueren Sie die Autobahn und ereichen somit den Froemerweg,

Von der Hohen Gloriette überblickt man den Osten des Wörthersees.

Burgruine Leonstein

Gleich hinter der Hohen Gloriette thront die Ruine Leonstein auf einem Waldhügel. Sie kann zwischen Mitte Mai und Anfang September jeden Samstag (15–19 Uhr) bzw. im Rahmen einer Führung besichtigt werden. Infos: www.leonstein.poertschach.net

auf dem Sie rechts abbiegen. Nach einer Wiese folgen Sie dem blau-weiß markierten Wanderweg Nr. 15 und zuletzt einer Forststraße Richtung „Pörtschacher Alm" bis zur **Moosburger Straße** 02 (520 m), neben der Sie einige Schritte nach rechts gehen.

Vor der Autobahnbrücke zweigen Sie links und vor dem Haus Pagitz wieder rechts auf den Almweg ab. Bald wandern Sie auf dem Wörthersee Rundwanderweg zur ehemaligen Pörtschacher Alm hinauf. Das Anwesen war bis 1978 bewirtschaftet und wurde dann niedergerissen. Danach biegen Sie rechts auf die Forststraße mit der Markierung Nr. 7 ab, die durch den Waldhang zu einer Autobahn-Unterführung hinabzieht. Dahinter kommen Sie auf der Bannwaldstraße wieder zur Moosburger Straße und damit ins Ortszentrum von **Pörtschach am Wörtherse** 01 zurück.

Darüber erheben sich der Pyramidenkogel und die Karawanken.

43

RUND UM DIE MOOSBURGER TEICHE

In Arnulfs Reich

5,6 km | 1:45 h | 70 hm | 70 hm | 61

START | Moosburg (503 m) im Norden des Wörthersees; Bushaltestelle und Parkplatz an der Feldkirchner Straße im Ortszentrum.
[GPS: UTM Zone 33 x: 436.600 m y: 5.167.691 m]
CHARAKTER | Kurze und einfache Wanderung für die ganze Familie auf Neben- und Forststraßen sowie Waldpfaden.

Im Norden des Wörthersees liegt ein für Kärnten besonders bedeutsames Gebiet. Um das Jahr 850 soll dort auf der Hetzel- oder Moosburg der Karolinger Arnulf (oder Arnolf) zur Welt gekommen sein. Er wurde Markgraf von Kärnten und König des ostfränkischen Reichs; zwischen 896 und 899 war er sogar römischer Kaiser. Ob die von Teichen geschützte Festung jedoch wirklich eine karolingische Pfalz war, ist nicht sicher – die heute noch erhaltenen Mauerreste gehen nur bis ins 12. Jahrhundert zurück. Rund 400 Jahre später entstand die „neue“ Moosburg weiter östlich auf einem Hügel über dem gleichnamigen Ort. An der Außenwand seiner ursprünglich romanischen Pfarrkirche ist ein Stein mit dem Portrait eines römischen Paares eingemauert. Zur Vorbereitung einer Wanderung rund um Moosburg und seine romantischen Teiche sollten Sie das örtliche Karolingermuseum (Krumpendorfer Straße 3) besuchen. Die kurze Runde ist jedoch nicht nur in kultureller Hinsicht, sondern dank mehrerer Einkehrstationen auch kulinarisch interessant. Die Öffnungszeiten des Museums und der Buschenschenken am Weg erfahren Sie unter www.moosburg.gv.at.

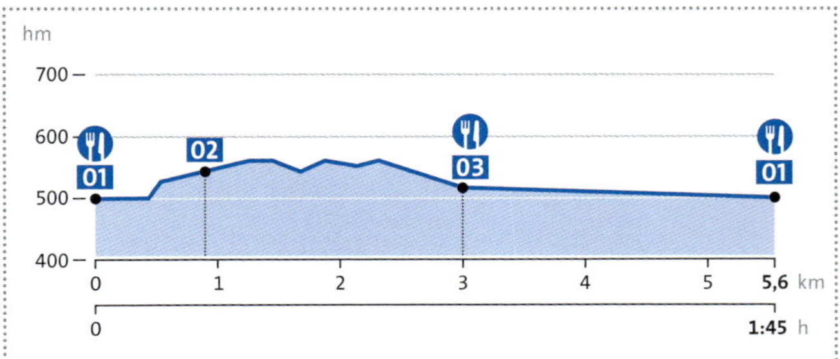

01 Moosburg, 503 m; 02 Weingartteich, 510 m; 03 Damnigteich, 520 m

Sommer am Mitterteich bei Moosburg.

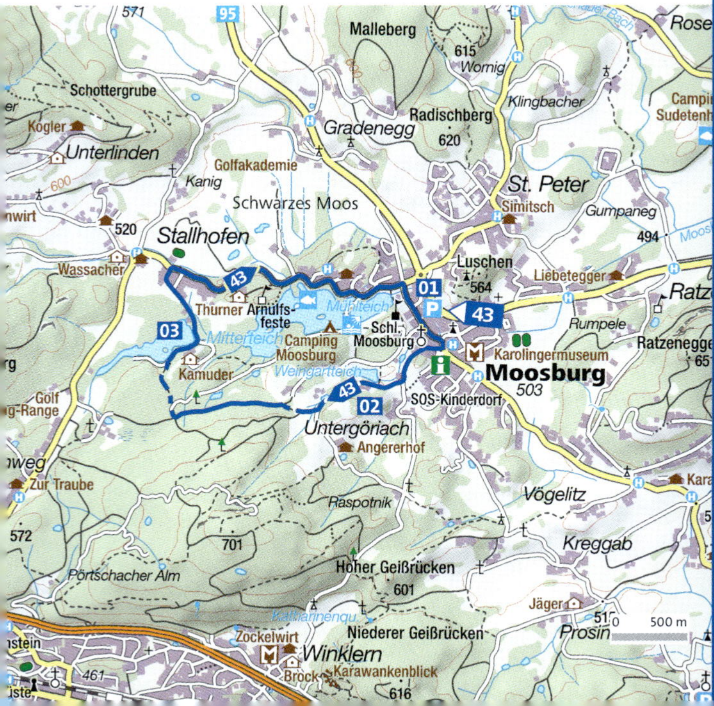

Ein vornehmes Paar auf einem der schönsten Römerrsteine Kärntens.

▶ Vom Parkplatz an der Feldkirchner Straße in **Moosburg** 01 folgen Sie der Beschilderung „Bannwaldweg, Weingartenteich, Damnig Teich" (W 1, violette Markierung). Zwischen der Pfarrkirche und dem Marktgemeindeamt zweigen Sie rechts auf die Gaisrückenstraße ab und wandern westwärts aus dem Ort zu einer Gabelung. Auf der rechts wegführenden Angerhofstraße marschieren Sie am von Schilf umgebenen **Weingartteich** 02 (510 m) vorbei.

Hinter einem Gehöft führt der Bannwaldweg nach rechts und neben einem Feld in den Wald. Nach gut 1 km durch das schattige Grün biegen Sie gemäß der Beschilderung rechts auf eine Forststraße ab. Von dieser führt der Bannwaldweg bald links zum dicht bewaldeten Südufer des **Damnigteichs** 03 (520 m), dem Sie rechts entlanggehen. An der Ostseite des Teichs stoßen Sie auf den Damnigweg. Nach rechts bildet dieser die Zufahrt zur nahen Buschenschank Kamuder.Links gelangen Sie dagegen in die Siedlung im Süden der Ortschaft Stallhofen, wo Sie das Restaurant Fischerhaus an der Pörtschacher Straße erreichen. Auf dieser gelangen Sie links zur nahen Buschenschank Wassacher-Goritschnig, während der Dammwaldweg rechts auf dem Gehsteig der Landesstraße in den noch 2 km entfernten Ort Moosburg verläuft. Dabei lockt schon nach 350 m rechts die nächste gastliche Raststation, nämlich der Buschenschank Falkner. Dahinter verbergen sich die renovierten, aber leider nicht zugänglichen Mauerreste der Arnulffeste.

Hinter dem Burghügel führt die Straße am Ufer des Mitterteichs entlang – auf seinem bewaldeten Damm lädt der sehr schön gelegene Dammwirt zur Einkehr ein. Schließlich spazieren Sie noch am kleineren Mühlteich vorbei. Vom Spielplatz in **Moosburg** 01 lohnt sich rechts noch der finale Abstecher zum Schloss Moosburg, das ein Hotel samt Restaurant birgt.

Schloss Moosburg – einst Wehrbau, heute ein charmantes Hotel.

Der Wörthersee Rundwanderweg

Seinen Schildern begegnet man auf Wanderungen im Bereich des Wörthersees immer wieder: Der 54,7 km lange Wörthersee Rundwanderweg zieht eine attraktive Schleife um Kärntens größtes Badegewässer – von Klagenfurt über das Schloss Drasing und den Forstsee nach Velden (28,7 km) und von dort unter dem Pyramidenkogel vorbei wieder zurück (26 km). Bei seiner Gesamtbegehung überwindet man etwa 1500 Höhenmeter – dafür genießt man jedoch immer wieder schöne Ausblicke auf den See und zur im Süden aufragenden Karawankenkette.

ZU DEN SPINTIKTEICHEN

Waldesruh' im Süden des Wörthersees

8,5 km | 3:00 h | 210 hm | 210 hm | 61

START | Reifnitz (442 m) am Südufer des Wörthersees; Bushaltestelle und Parkplatz an der Seeuferstraße bei der Schiffsanlegestelle.
[GPS: UTM Zone 33 x: 437.485 m y: 5.161.746 m]
CHARAKTER | Einfache Wanderung für die ganze Familie auf ruhigen Nebenstraßen sowie markierten Forst- und Waldwegen.

Seit 1959 stehen die beiden Spintikteiche zwischen dem Wörthersee und dem Keutschacher Seental unter Naturschutz. Ihr moorschwarzes Wasser hat man schon im 12. Jahrhundert gestaut – in Mulden, die von Eiszeitgletschern ausgehobelt wurden. Der 7,6 Hektar große Obere Spintik-Teich ist nur 4 m tief – aus diesem Grund freuen sich Badefans dort oft schon im späten Frühjahr über Wassertemperaturen um 20 °C. Die artenreiche Ufervegetation und die stillen Buchten der beiden Wasseraugen sind seit jeher ein beliebtes Wanderziel.

▶ Vom Parkplatz beim steinernen VW-Golf (GTI-Stein) in **Reifnitz** 01 gehen Sie auf der Raunacherstraße nach Süden – damit folgen Sie dem blau-weiß markierten Wörthersee Rundwanderweg bzw. dem Marienpilgerweg in Richtung Klagenfurt. Nach wenigen Schritten schwenken Sie links auf den Weg „Am Sonnenhang" ein und wandern oberhalb des Parkplatzes aufwärts. Von der folgenden Gabelung folgen Sie dem Wegweiser zu den Spintikteichen links durch die Siedlung zu einer Rechtskurve. Gleich danach zweigen Sie scharf

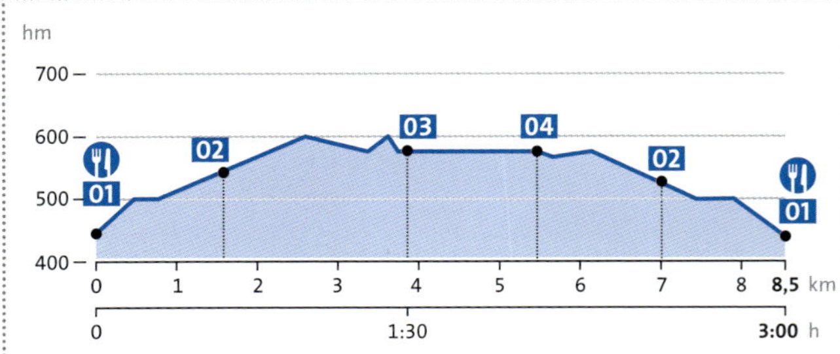

01 Reifnitz, 442 m; 02 Kramerkreuz, 520 m;
03 Oberer Spintikteich, 571 m; 04 Unterer Spintikteich, 560 m

Schwimmen im schwarzen Nass.

nach links auf den Sekirner Weg (Nr. 14) ab. Dieser führt durch Wald zur asphaltierten Teichstraße, der Sie rechts aufwärts folgen. Nach 800 m zweigen Sie beim **Kramerkreuz** 02 (520 m) rechts Richtung „Keutschach, Rauth" ab.

Der Pfad führt durch Wald aufwärts. Bei den folgenden Abzweigungen bleiben Sie jeweils links auf dem Wörthersee Rundwanderweg (nun auch Nr. 21), auf dem Sie oberhalb der Häuser von Obersekirn zu jenem Gehöft kommen, nach dem die beiden Spintikteichen benannt sind. Nach ungefähr 1 ½ Stunden erreichen Sie im Wald hinter dem Hof den Erddamm des **Oberen Spintikteichs** 03 (571 m), den Sie nach rechts überschreiten (Beschilderung „Spintikteich Runde"). Nun umwandern Sie das waldumsäumte Gewässer – auf seiner Westseite bis zu einer Wiese oberhalb von St. Nikolai, wo Sie links abbiegen. Auf der Ostseite des Teichs erreichen Sie eine Forststraße, auf der Sie links bis zum Ostufer des **Unteren Spintikteichs** (560 m) marschieren.

Nach 10 Minuten stehen Sie an der Kreuzung neben der Kruschitzkapelle in Obersekirn, wo Sie links abbiegen und auf der Asphaltstraße abwärts wandern. Ab dem **Kramerkreuz** 02 geht's auf der Zugangsroute nach **Reifnitz** 01 zurück.

Der Rauschelesee – ein Ziel für alle Jahreszeiten

Südlich der Spintikteiche liegt der 19 ha große Rauschelesee in einem Landschaftsschutzgebiet zwischen dem Stift Viktring und Keutschach. Im Sommer lockt sein dunkles Moorwasser mit Badetemperaturen bis zu 28 °C; an seinem Südufer zieht der Zauberwald mit seinen Hexen und Waldgeistern, Zwergen und Kobolden alle Kinder in seinen Bann. Im Winter friert der Rauschelesee meist schon früh zu – wenn das Eis dick genug ist, dann gibt es der Eislaufverein Wörthersee fürs Wandern auf blanken Kufen frei.

Sonnenstrahlen und ein Natur-Sprungturm am Oberen Spintikteich.

ZUR MARGARETHENKIRCHE

Ein Opferstein und zwei Höhenheiligtümer

6 km | 2:00 h | 170 hm | 170 hm | 61

START | Reifnitz (442 m) am Südufer des Wörthersees; Bushaltestelle und Parkplatz an der Seeuferstraße bei der Schiffsanlegestelle.
[GPS: UTM Zone 33 x: 437.485 m y: 5.161.746 m]
CHARAKTER | Kurze Wanderung im Talbereich auf Nebenstraßen und stellenweise steinigen Waldwegen.

Auch im Süden des Wörthersees verbergen sich unzählige kaum bekannte Orte, Kirchen und Naturwunder, die es zu erwandern lohnt. Einige davon reihen sich entlang der hier vorgestellten Rundtour bei Reifnitz aneinander. Ihre erste Sehenswürdigkeit ist ein im Wald verborgener und von Moos überwachsener Steinblock mit einer 95 cm großen Ausnehmung, die eindeutig von Menschen geschaffen wurde. Da sie auch eine Abflussrinne aufweist, halten sie manche Heimatforscher für eine heidnische Opferstätte. Mehr weiß man über die nahe Burg Reifnitz, deren Ursprünge wohl auf die Zeit der Christianisierung der Alpenslawen im 8. und 9. Jahrhundert zurückgehen. Sie war einst eine der mächtigsten Burgen weitum. Inmitten ihrer längst verfallenen Wälle und Mauern sind nur ein Turm und die gotische Burgkapelle, die heutige Filialkirche St. Margarethen, erhalten geblieben. Nicht weit davon entfernt steht ein weiteres bezauberndes Gotteshaus hoch über Reifnitz: St. Anna am Zackel, was auf slowenisch soviel wie „Kegel“ bedeutet.

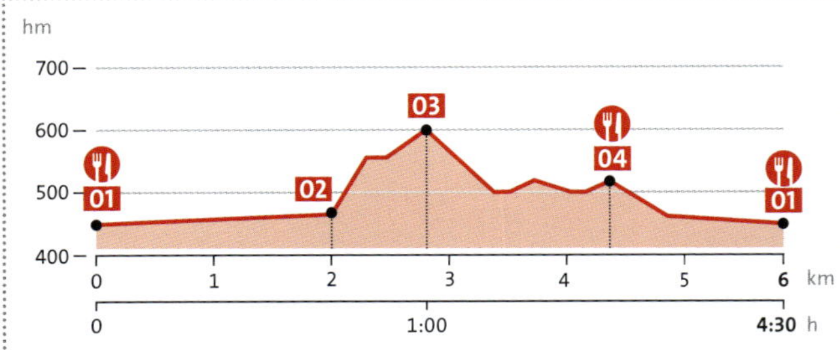

01 Reifnitz, 442 m; 02 Opferstein, 530 m;
03 Bergkirche St. Margarethen, 606 m; 04 St. Anna, 520 m

Ein Platz zum Verlieben – das Bergkirchlein St. Margarethen.

Die gotische Kirche birgt einen üppig geschmückten Barockaltar und zeigt an der Außenmauer ein Wandgemälde des heiligen Christophorus, auf dem sich auch Fische und kleine Nixen tummeln.

▶ Vom Parkplatz beim steinernen VW-Golf-Denkmal (GTI-Stein) in **Reifnitz** 01 gehen Sie neben der Seeuferstraße Richtung Strandhotel Sille und über die Abzweigung nach Keutschach (Zebrastreifen). Vorbei am Gemeindeamt gelangen Sie zur Brücke über den Reifnitzbach, nach der Sie links auf die Bachpromenade abbiegen. Auf dieser spazieren Sie etwa 650 m taleinwärts, um dann auf dem Gehsteig der Seestraße zur Feuerwehr/Polizei Reifnitz weiterzugehen.

Dort zweigen Sie vor der Brücke rechts auf den St.-Margarethen-Weg ab, der an einem Parkplatz vorbei und durch eine Siedlung führt. Beim letzten Haus beginnt eine Schotterstraße, auf der Sie neben einem Fußballplatz in den Wald wandern. Die Tafeln

Ein Opferstein – oder wurde hier nur ein Mühlstein ausgebrochen?

eines Naturlehrweges weisen u. a. auf den naturbelassenen Buchenmischwald hin. Nach einer Lichtung biegen Sie rechts auf die St. Margarethen Runde (W16) ab. Dieser breite, aber recht steinige Weg steigt durch den Waldhang zum **Opferstein** 02 (530 m) an.

Weiter geht's hinauf zu einer Gabelung, von der Sie der St. Margarethen Runde nach rechts zu einer Schotterstraße folgen. Von dort umgehen Sie ein Anwesen links auf einem schmalen Pfad, der in den Zugangsweg zur **Bergkirche St. Margarethen** 03 (606 m) mündet. Rechts erklimmen Sie in wenigen Minuten die Kuppe des Hügels, auf dem das kleine Gotteshaus steht (Blick zum Keutschacher See). Dahinter verbirgt sich der renovierte Turm der Burgruine Reifnitz. Gehzeit ab Reifnitz ca. 1 Stunde.

Zurück zu den letzten Wegweisern, von denen Sie nun der St. Margarethen Runde rechts auf dem Weg Nr. 8 durch den Wald hinab folgen. So erreichen Sie den Burgenweg, der direkt nach Reifnitz zurückführt. Schöner ist es jedoch, links auf dem Weg Nr. 8 nach **St. Anna** 04 (520 m) weiterzuwandern. Neben der Kirche aus dem 14. Jahrhundert verlockt das Gasthaus Sankt Anna's mit traditioneller Wirtshausküche und einem Gastgarten zum Bleiben.

Dahinter führt der Wörthersee Rundweg Richtung **Reifnitz** 01 (Nr. 10) nach rechts, an einer Reithalle vorbei und rechts zum Schulweg hinunter. Schließlich kommen Sie auf der Bachpromenade wieder zur Seeuferstraße, an der das Strandbad Reifnitz einen erfrischenden Wander-Abschluss bietet.

Die letzte Erinnerung an die einst mächtige Burg Reifnitz.

VON MARIA WÖRTH AUF DEN PYRAMIDENKOGEL • 851 m

Zwei Highlights auf einen Streich

11 km | 3:45 h | 410 hm | 410 hm | 61

START | Maria Wörth (458 m) am Südufer des Wörthersees; Bushaltestelle, Parkplätze an der Zufahrtsstraße.
[GPS: UTM Zone 33 x: 436.018 m y: 5.163.012 m]
CHARAKTER | Stille Waldwanderung auf Forststraßen und markierten Wegen zu einem Aussichtsturm (Eintrittsgebühr).

Dichte Wälder bedecken den Pyramidenkogel, der über der Halbinsel von Maria Wörth aufragt. Ihre gotische Pfarrkirche ist das wichtigste Wallfahrtsziel am Wörthersee. Wer auch ihren romanischen Karner und die benachbarte, innen und außen mit Fresken geschmückte Winter- oder Rosenkranzkirche aus dem 12. Jahrhundert besucht hat, wird dann während der anschließenden Waldwanderung kaum beim Nachdenken über die spirituelle Kraft des Ortes abgelenkt. Das meditative Bergaufgehen endet jedoch mit einem Paukenschlag: Auf dem Gipfel des Pyramidenkogels steht der höchste aus Holz gefertigte Aussichturm der Welt, eine elegant geschwungene Konstruktion. 100 m ist das auch auf einer Ausflugsstraße erreichbare und meist dementsprechend gut besuchte Gebilde hoch. Den Aufstieg über seine 441 Stufen erspart ein Panoramalift, der Abstieg lässt sich auf einer 120 m lange Rutsche abkürzen. Und auf 70 m Höhe bietet die oberste Plattform ein Rundum-Panorama, das man auch virtuell betrachen kann – unter https://pyramidenkogel.it-wms.com.

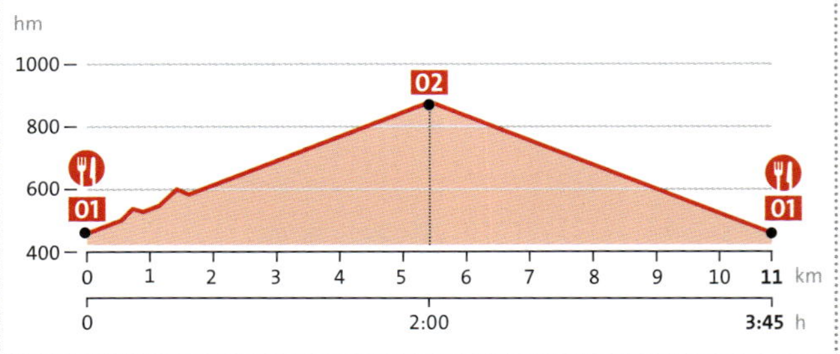

01 Maria Wörth, 458 m; 02 Pyramidenkogel, 851 m

Maria Wörth im Bild.

Vor der Wanderung sollte man auf jeden Fall die Wallfahrtskirche und die Winterkirche in **Maria Wörth** 01 besuchen. Ihren Namen leitet dieses Gotteshaus von jenen Heiligen ab, deren Patronatsfest im Winter gefeiert wird. Danach gehen Sie an der Tourismusinformation vorbei und rechts bis zur Süduferstraße, die auf einem Zebrastreifen überquert wird. Jenseits folgen Sie dem Försterweg

Dieser Ausschnitt aus dem Panorama vom Pyramidenkogel präsentiert

kurz nach rechts, bis Sie links auf die Forststraße mit der Markierung Nr. 7 zum Pyramidenkogel abzweigen. Der Fahrweg führt im Gidlwald durch den Nordhang des Pyramidenkogels empor und quert dabei zweimal einen Graben. Auf gut 600 m Seehöhe biegen Sie rechts auf die Route Nr. 5 und damit auf den Wörthersee Rundwanderweg ab. Nach gut 1 km, auf etwa 680 m Seehöhe, zweigen Sie links ab und steigen auf der Forststraße (Nr. 6) in weiten Kehren zum großen Parkplatz auf dem **Pyramidenkogel** **02** (851 m) an. Nach etwa

die Buchten von Pörtschach, Maria Wörth und das Land um Moosburg.

2 Stunden Aufstiegszeit kann man beim Aussichtsturm in ein Restaurant einkehren.

Der Abstieg erfolgt auf der Anstiegsroute (Nr. 6) Richtung Maria Wörth. Auf dem Wörthersee Rundwanderweg (Nr. 5) bleiben Sie bei der Abzweigung nach Maria Wörth geradeaus und biegen erst nach 1 km scharf links ab. So gelangen Sie zum St.-Anna-Weg und zur Seeuferstraße (Zebrastreifen), hinter der Sie den Ausgangspunkt in **Maria Wörth** 01 wieder erreichen.

VON KEUTSCHACH AUF DEN PYRAMIDENKOGEL • 851 m

Vom Steinrätsel zur Skybox

13,5 km | 4:00 h | 400 hm | 400 hm | 61

START | Keutschach am See (535 m); Bushaltestelle und Parkplätze im Ort.
[GPS: UTM Zone 33 x: 437.803 m y: 5.160.282 m]
CHARAKTER | Abwechslungsreiche Bergwanderung auf ruhigen Nebenstraßen, markierten Forstwegen und Pfaden zu einem Aussichtsturm (Eintrittsgebühr).

„Skybox" heißt die höchstgelegene Räumlichkeit des Aussichtsturms auf dem Pyramidenkogel, 70 m über dem Boden, mit großen Glaswänden und Rundumsicht von den Hohen Tauern bis zur Koralm (mehr dazu siehe bei Tour 46). Besonderes bietet aber nicht nur der höchste Punkt des Berges, sondern auch das Keutschacher Seental, wo man zur Wanderung durch seine Südhänge startet. Unter dem Wasserspiegel des Keutschacher Sees entdeckte man 1864 die Reste von Pfahlbauten aus der frühen Kupferzeit. Vor 4000 Jahren lebten also schon Menschen auf einer Insel, die später in den Fluten versank. Haben sie womöglich jene Figur verehrt, die an der Außenwand der Keutschacher Pfarrkirche zu sehen ist? Die Ritzzeichnung zeigt ein Wesen mit flossenartigen Händen und Füßen, deutlich dargestellten Rippen und einem nicht mehr ganz erhaltenen Radkreuz als Kopf; dazu wurden weitere fünf Kreuze in die Steinplatte geschlagen. Ob

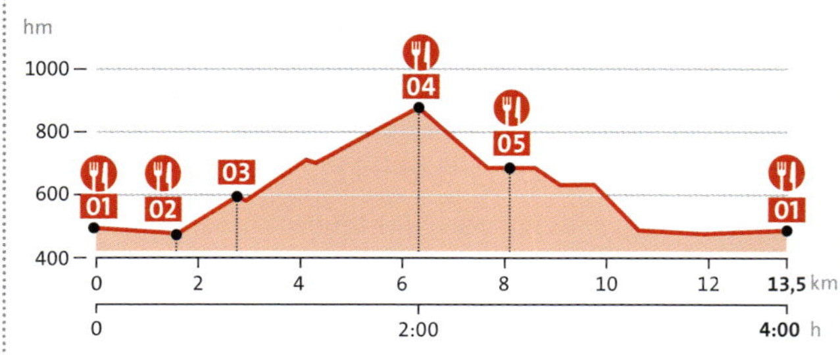

01 Keutschach am See, 535 m; 02 Schelesnitz, 507 m; 03 St. Margarethen, 606 m; 04 Pyramidenkogel, 851 m; 05 Gasthof Höhenwirt, 688 m

Mystisches Steinrätsel und futuristischer Aussichtsturm.

es sich dabei um ein frühes christliches Auferstehungssymbol oder ein heidnisches Monster handelt, bleibt im Dunkel der Geschichte verborgen. Nicht einmal die älteste Totenleuchte Österreichs, die vor der Kirche auf der Wiese steht, bringt Licht in die Angelegenheit.

▶ In **Keutschach am See** 01 lohnt sich also der Besuch der romanischen und dann spätgotisch bzw. spätbarock erweiterten Pfarrkirche. Danach spazieren Sie auf der Dorfstraße nach Westen – vorbei am Schloss (Gemeindeamt) und am Schlossteich. Nach gut 1 km geht's neben der Hauptstraße weiter bis zum Kreisverkehr neben dem Spar-Markt in **Schelesnitz** 02 (507 m), nahe dem Strandbad am Keutschacher See. Nach der Überquerung der Seestraße (Zebrastreifen) gehen Sie noch 100 m geradeaus weiter, bis Sie gegenüber dem Campingplatz rechts in eine Siedlung abzweigen.

Dort biegen Sie gleich darauf links ab. Vor der Zufahrtsstraße auf den Pyramidenkogel wenden Sie sich nach rechts und folgen dem violett bezeichneten Pyramidenkogelweg Keutschach (W14, Nr. 27) in den Wald. Von der nächsten Gabelung steigen Sie links steiler an. Vorbei an der Einmündung des Opferstein-Weges gelangen Sie zur Bergkirche **St. Margarethen** 03 (606 m) und zur Burgruine Reifnitz (Näheres siehe bei Tour 45).

Von der Wegkreuzung unter dem Höhenheiligtum folgen Sie dem Keutschacher Pyramidenkogelweg nach rechts hinunter. Nach 170 m gehen Sie links zum Weg Nr. 27, der rechts über einen Waldrücken und neben einem Bach in den Weiler Linden (688 m) führt.

Etwas abseits der Route laden dort der Gasthof Mariandl und das Restaurant Karawankenblick zur Rast ein. Der Pyramidenkogelweg führt vom Petroutz-Kreuz, einem schönen Bildstock, dem Waldrand entlang und bald nach rechts. Auf Stufen erreichen Sie eine Hauszufahrt, der Sie links zu einem nahen Güterweg folgen. Auf diesem wandern Sie links weiter, vorbei an der Buschenschank Buchsbaum. Kurz danach erreichen Sie die Pyramidenkogelstraße, gehen neben dieser einige Schritte nach rechts und biegen dann links auf einen Forstweg ab. Nach 100 m führt rechts der oberste Anstiegsweg zum Aussichtsturm auf dem **Pyramidenkogel** 04 (851 m), den Sie nach gut 2 Stunden ereichen.

Beim Abstieg folgen Sie der Aufstiegsroute bis zur letzten Abzweigung und wandern dann rechts auf dem Weg 2 zu den Häusern des Weilers Höhe hinab. Nach einem kurzen Stück auf einer Zufahrtsstraße geht's rechts über die Wiese zu einer weiteren Straße bergab. Auf diese schwenken Sie links ein. Bald darauf empfiehlt sich rechts ein Besuch des **Gasthofs Höhenwirt** 05 (688 m).

Etwas weiter vorne wandern Sie rechts auf dem Weg Nr. 26 nach Oberplescherken hinab und biegen dort links ab. Unter einer Hochspannungsleitung kommen Sie in einen bewaldeten Graben, durch den Sie zur Pyramidenkogelstraße und rechts zum Nordufer des Keutschacher Sees absteigen. Auf dem Gehsteig der Uferstraße gelangen Sie links zur Abzweigung der Pyramidenkogelstraße und zum folgenden Kreisverkehr. Von dort kehren Sie auf der Zugangsroute nach **Keutschach am See** 01 zurück.

Badespaß am Keutschacher See –

dort, wo schon vor 4000 Jahren Menschen in Pfahlbauten lebten.

DER KEUTSCHACHER MOORWEG

Aha-Erlebnisse im Keutschacher Seental

7 km | 2:00 h | 120 hm | 120 hm | 61

START | Keutschach am See (535 m); Bushaltestelle und Parkplätze im Ort.
[GPS: UTM Zone 33 x: 437.803 m y: 5.160.282 m]
CHARAKTER | Erlebnisreiche Talwanderung für die ganze Familie auf Nebenstraßen und gut angelegten Wegen durchs Moor.

Neben dem Keutschacher See verlocken im 12 km langen Keutschacher Tal auch der Rauschele- und der Hafnersee zu sommerlichem Badevergnügen. Dazwischen sind durch Verlandung große Moorflächen, Feuchtwiesen und Erlenbruchwälder entstanden, die heute als „Ramsar-Gebiet" geschützt sind. Einige Bereiche davon kann man auf einem 7 km langen Naturerlebnisweg durchwandern. Unterwegs erfährt man an elf Punkten mehr über die Geologie, die Pflanzenwelt der Moore, den Lebensraum Wald und den Einfluss des Menschen auf das Gebiet.

Von **Keutschach am See** 01 marschieren Sie wie bei Tour 47 nach Schelesnitz. Vor der Raiffeisenbank biegen Sie links auf den Liendlweg ab und folgen kurz darauf dem einmündenden Pfahlbautenweg links zum **Strandbad am Keutschacher See** 02 (507 m), wo Sie über die ersten Siedler informiert werden.

Auf dem Fußweg neben den Parkplätzen gelangen Sie zum letzten Haus vor dem Keutschacher Moor und zu einer Brücke, vor der Sie links zum kleinen **Obiltschnigteich** 03 (507 m) abbiegen. Von der nächsten Kreuzung geht's rechts

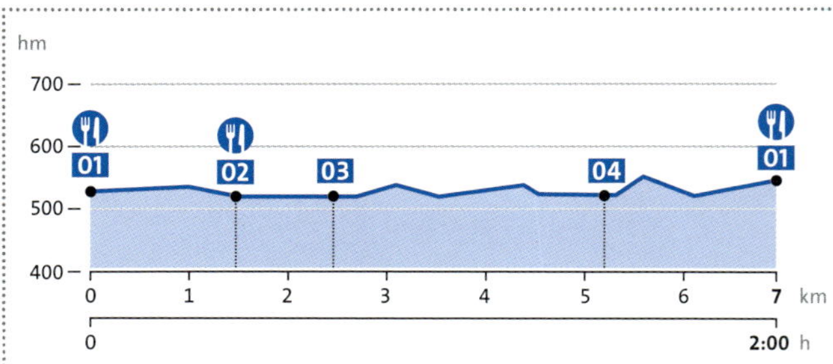

01 Keutschach am See, 535 m; 02 Strandbad am Keutschacher See, 507 m; 03 Obiltschnigteich, 507 m; 04 Baßgeigensee, 510 m

weiter zum Südrand des Moores, wo links ein Holzsteg in die Feuchtwiesen zu einem Aussichtsturm führt. Rechts gelangen Sie auf einem Fahrweg zur Kollienz-Hube im Weiler Dobeinitz, zweigen davor links ab und wandern gut 1 km durch den Wald am Südrand des Seentals zu den nächsten Höfen. Zweimal rechts abzweigend erreichen Sie von dort den etwa 300 m langen **Baßgeigen- oder Müllnersee** 04 (510 m), den der Naturerlebnispfad weiträumig umrundet.

Nach der letzten Infotafel zum Thema „Landwirtschaft“ gehen Sie rechts zwischen Wiesen zur Hauptstraße, die Sie überqueren, um links zum Ausgangspunkt in **Keutschach am See** 01 zurückzukehren.

Bewahrte Natur in Keutschach.

49

ZUM PLATZ DER SALIGEN FRAUEN

Geheimnisvoller Turiawald

4 km | 2:00 h | 200 hm | 200 hm | 61

START | Rupertiberg/Na Gori (680 m) im Rosental zwischen Velden und Ludmannsdorf; Bushaltestelle, Parkplatz an der Landesstraße unterhalb des Ortes.
[GPS: UTM Zone 33 x: 430.845 m y: 5.156.401 m]
CHARAKTER | Kurze, aber zauberhafte Waldwanderung für die ganze Familie auf Schotterstraßen und markierten Wegen.

Die teils von Eiszeitgletschern überformte, teils vom Schotter der „Ur-Drau“ aufgeschichteten Anhöhen der Sattnitz, die das Keutschacher Seental und das Klagenfurter Becken vom Rosental trennen, haben sich bis heute den Nimbus des Geheimnisvollen bewahrt. Dort verbergen sich Felswände, seltsame Höhlen und sogar einige Wasserfälle. Besonders der menschenleere Turiawald im Westen dieses Gebiets war den Menschen einst nicht ganz geheuer. Dort sollen auch die saligen Frauen in Höhlen gehaust haben. Segen oder Unsegen eines Hofes hingen davon ab, wie sie die Bäuerin behandelte. Wer ihren Ratschlägen folgte, durfte auf reiche Ernte hoffen. Zum Dank stellte man ihnen des Nachts eine Schale Milch und ein Stück Brot vor die Tür. Das glauben Sie nicht? Dann wandern Sie vom kleinen Dorf Rupertiberg in der Rosentaler Gemeinde Ludmannsdorf zu jener Felskanzel, bei der die saligen Frauen gern gerastet haben. Jedenfalls sind dort mehrere akkurat ausgestaltete und geglättete Steinsitze zu sehen, deren Alter und Bedeutung völlig im Dunkeln liegt. Von Sagen umwoben

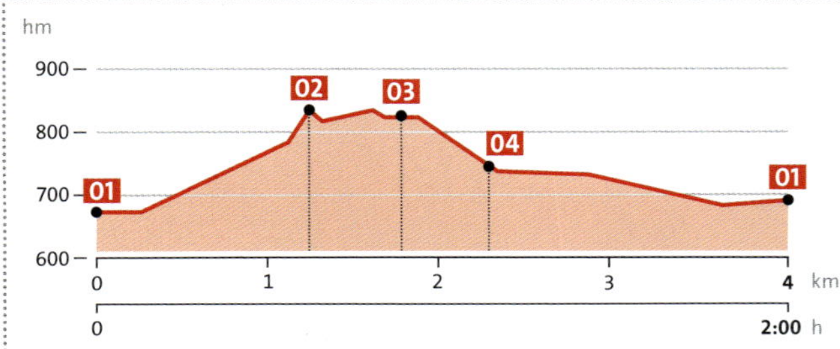

01 Rupertiberg, 716 m; 02 Rupertitor, 810 m; 03 Teufelskanzel, 820 m; 04 Saligensitze, 830 m

Achtung – im Turiawald hat der Bär stets Vorrang.

sind auch die nahe Teufelskanzel und der seltsame Felsdurchbruch des Rupertitors. Es gibt also genug zu Entdecken in diesem liebenswerten Winkel weitab der Kärntner Highlights!

▶ Vom Parkplatz unterhalb von **Rupertiberg** 01 folgen Sie der Landesstraße 170 m nach Westen (Richtung Velden), biegen dann scharf rechts ab und gehen zur kleinen Barockkirche des Dorfes hinauf. Rechts davon gelangen Sie zu einer Gabelung, von der Sie rechts in den Turiawald gelangen; eine Übersichtskarte zeigt die „Plätze der Kraft" an. Nach einer Wiese mit einem Wegkreuz gehen Sie geradeaus über eine Kreuzung (Routenkarte) und steigen durch den steilen Waldhang zum eindrucksvollen Hohlweg des **Rupertitors** 02 (810 m) an.

Dahinter folgen Sie dem Wegweiser „Saligensitze" nach links und wandern auf einem Waldweg im sanften Auf und Ab über das Waldplateau, vorbei an einem kleinen Marmorstein mit einer „Energiespirale“. Gleich danach führt links ein kurzer Stichpfad zur **Teufelskanzel** 02 (820 m), einem wunderbaren Rast- und Aussichtsplatz oberhalb einer Felswand. Eine Panoramatafel benennt die zahlreichen Karawankenberge, die im Süden über der Drau aufragen.

Zurück am Hauptweg folgen Sie der Markierung Nr. 2 d links zu einem Forstweg, der vom Rosental heraufzieht, nach rechts (Wegweiser „Station Saligensitze – Sedlazi“). Bald sind die **Saligensitze** 04 (830 m) links zu sehen. Auch an diesem geheimnisvollen Platz genießt man einen schönen Blick ins Rosental.

Anschließend marschieren Sie auf dem Forstweg wieder kurz zurück und dann nach der Beschilderung „Wanderweg 2 d, Plätze der Kraft“ rechts über den Waldhang hinunter. Zuletzt führt die Schotterstraße rechts über eine aussichtsreiche Wiese zur Kirche in **Rupertiberg** 01.

Vier salige Frauen und ein fröhlicher Hund rasten auf den Saligensitzen.

Die Teufelskanzel bietet einen himmlischen Karawankenblick.

DURCH DIE TSCHEPPASCHLUCHT

Der schönste Weg ins Bodental

6,5 km | 2:30 h | 480 hm | 50 hm | 65

START | Parkplatz Tscheppaschlucht (620 m) südlich von Unterloibl an der Bundesstraße 91 von Ferlach Richtung Loibltunnel. Rückfahrt vom Gasthof Sereinig mit dem Bus. [GPS: UTM Zone 33 x: 445.036 m y: 5.149.615 m]
CHARAKTER | Eindrucksvolle Schluchtdurchquerung auf breiten Wegen und gut abgesicherten Schluchtpfaden mit vielen Stufen und steilen Treppen, schmalen Stegen und Brücken. Manche Passagen sind bei Nässe sehr rutschig, sie erfordern daher feste Wanderschuhe, Trittsicherheit und Schwindelfreiheit; Kinder müssen besonders gut beaufsichtigt werden. Die Schlucht ist von Anfang Mai bis Ende Oktober täglich zwischen 8.30 und 17 Uhr geöffnet (die Eintrittsgebühr inkludiert die Rückfahrt mit dem Bus von Windisch-Bleiberg, vom Bodental oder vom Gasthof Deutscher Peter); www.tscheppaschlucht-ferlach.at

Von der Römerzeit bis zur Fertigstelllung des Karawankentunnels (1991) war der 1368 m hoch gelegene Loiblpass eine wichtige Verbindung zwischen dem Rosental und dem Savetal. Schon die ersten Reisenden mussten dabei die Schlucht des Loiblbachs über den sogenannten Kleinen Loiblpass umgehen. Ein besonders neuralgischer Punkt war dabei die „Teufelsbrücke" über die Wasserfälle des dahinter einmündenden Bodenbachs. Die heutige Bogenbrücke

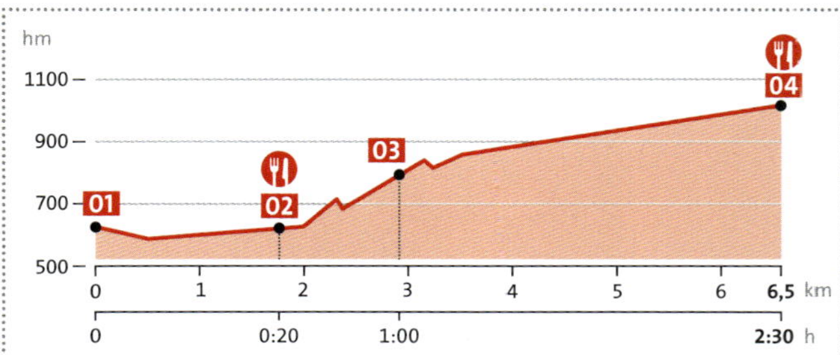

01 Parkplatz Tscheppaschlucht, 620 m; 02 Schluchteingang, 580 m; 03 Tschaukofall, 725 m; 04 Bodental, 1010 m

Der Blick von der „Hohen Brücke" in die Tscheppaschlucht.

Gedenken im Schluchtgrund.

mit 21 m Spannweite geht auf das Jahr 1573 zurück; sie wurde allerdings 1927 mit viel Beton verstärkt. Die Schlucht unter der „Tscheppa", einem kleinen Bergkegel, erschloss man im 19. Jahrhundert mit Stegen und steilen Treppen; später wurde der Schluchtweg bis zum Tschaukofall, zum Gasthof Deutscher Peter an der Loiblstraße und ins Bodental verlängert. Heute zählt die Tscheppaschlucht zu den beliebtesten Ausflugszielen Kärntens.

▶ Vom großen **Parkplatz Tscheppaschlucht** 01 überqueren Sie die Straße auf einer Fußgängerbrücke und wandern dann auf einem breiten Weg zum Waldseilpark am Loiblbach hinunter. Auf einer Forststraße kommen Sie nach 20 Minuten zur Kassa beim **Schluchteingang** 02 (580 m) beim Goldenen Bründl (Kassa, Jausenstation).

Dort beginnt der zunächst noch breite und nur sanft ansteigende Weg in die Tscheppaschlucht. Bald wandern Sie über Stufen und Stege in das felsige Engtal hinein. Hoch über dem Wildwasser und vorbei am „Schmuggler- und Wildererplatzl" gelangen Sie zur Hohen Brücke. Jenseits geht's auf steilen

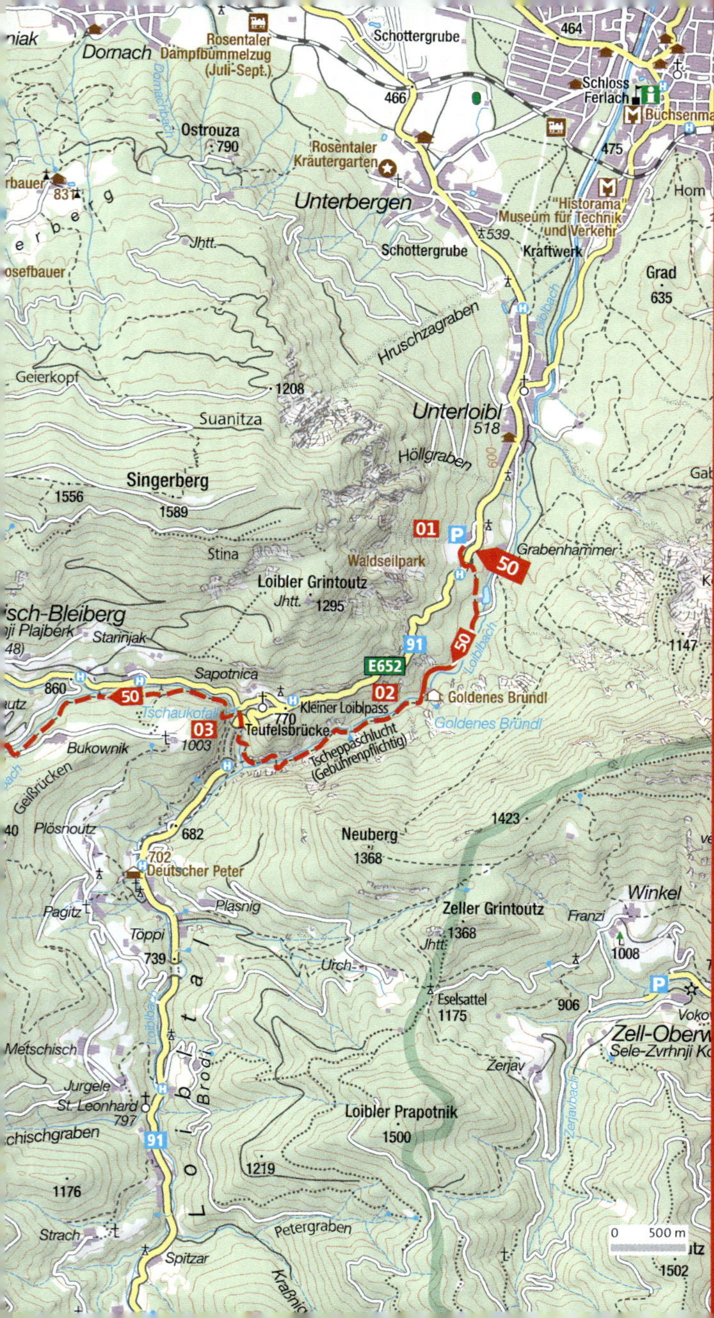
Dornach
Rosentaler Dampfbummelzug (Juli-Sept.)
Schottergrube
464
466
Schloss Ferlach
Ostrouza
790
Rosentaler Kräutergarten
475
Unterbergen
"Historama" Museum für Technik und Verkehr
539
Schottergrube
Kraftwerk
Hom
Grad
635
Hruschzagraben
Geierkopf
1208
Suanitza
Unterloibl
518
Höllgraben
Singerberg
1556
1589
Stina
01
Grabenhammer
Waldseilpark
Loibler Grintoutz
Jhtt.
1295
50
Loiblbach
91
E652
1147
Sapotnica
Starinjak
860
02
Kleiner Loiblpass
770
Goldenes Brundl
Tschaukofall
03
Teufelsbrücke
Goldenes Bründl
Bukownik
1003
Tscheppaschlucht (Gebührenpflichtig)
Geißrücken
Plösnoutz
682
1423
Neuberg
1368
702
Deutscher Peter
Plasnig
Winkel
Pagitz
Töppi
Zeller Grintoutz
1368
Franzi
1008
739
Urch
Eselsattel
1175
906
Loibltal
Zell-Oberw
Sele-Zvrhnji K
Metschisch
Brodi
Žerjav
Jurgele
St. Leonhard
797
Loibler Prapotnik
1500
91
1219
1176
Strach
Petergraben
Spitzar
Kraßnig
1502
0 500 m

Treppen im Auf und Ab zu einer Abzweigung am Zusammenfluss des Loiblbachs mit dem Bodenbach. Dort folgen Sie den Wegweisern „Teufelsbrücke, Tschaukofall, Bodental". Bald steigen Sie neben den wilden Kaskaden des Bodenbachs über eine Art Wendeltreppe an und gehen unter der Teufelsbrücke der Bundesstraße durch. Nach einer Treppe unter einem Schutzdach überschreiten Sie die etwas schwankende, an soliden Ketten aufgehängte „Brücke der Freundschaft". Jenseits führt der Schluchtweg nach rechts und durch ein Tor. Nach gut 1 Stunde stehen Sie vor dem 26 m hohen **Tschaukofall** 03 (725 m). Benannt wurde das Naturwunder nach Peter Tschauko, der 1852 im Gasthof Deutscher Peter unter dem Loiblpass geboren wurde und als Schiffsarzt zum Weltenbummler wurde – er ließ diesen Weg anlegen.

Es folgt der Anstieg durch ein Felstor, hinter dem sich die Route teilt: Links führt ein Panoramaweg zum 25 Minuten entfernten **Gasthof Deutscher Peter** (702 m), während man auf dem rechten Pfad in den hinteren Bereich der Schlucht gelangt und nach 1 Stunde das **Bodental** 04 (1010 m) mit dem gastlichen **Familienhof Sereinig** erreicht.

Von allen drei Endpunkten kann man mit dem Bus zum **Parkplatz Tscheppaschlucht** 01 zurückfahren. Der Abstieg durch die Schlucht empfiehlt sich nur, wenn nicht viele Wanderer unterwegs sind (Gehzeit 1½ Stunden).

Spritzige Eindrücke auf dem Weg zm Tschaukofall.

Das grüne Meerauge vor der Kulisse der Karawanken.

Meerauge & Märchenwiese

Das ca. 4 km lange Bodental ist einer der schönsten Talschlüsse der Südlichen Kalkalpen. Die Felswände der Vertatscha (2180 m) und der Bielschitza (1959 m) erheben sich dort über der 1157 m hoch gelegenen „Märchenwiese“, der vielleicht schönsten Bergwiese Kärntens. Das Tal wurde von einem eiszeitlichen, bis zu 120 m mächtigen Gletscher ausgeschürft. Nach dem Rückgang des Eises vor etwa 10.000 Jahren war es von einem See bedeckt, der jedoch vom Schutt zugeschüttet wurde. Heute findet man dort nur ein winziges Gewässer: das „Meerauge“. Dabei handelt es sich um ein sogenanntes Toteisloch, in dem ein Stück des abschmelzenden Gletschers liegenblieb. Die Mulde füllte sich mit aufsteigendem Quellwasser, das von Algen türkis gefärbt wird – und mit Dutzenden von umgestürzten Baumstämmen. Für den beschaulichen Marsch vom Familienhof Sereinig über den traditionsreichen Gasthof Bodenbauer zur Märchenwiese sollte man 1 ½ Stunden einplanen.

www.familienhof.at
www.der-bodenbauer.at

51

RUND UM DEN KLOPEINER SEE

Kunstpromenade und Wunschglocke

7 km | 2:30 h | 270 hm | 270 hm | 65

START | Klopein (448 m) am Nordufer des Klopeiner Sees; Bushaltestelle und großer Parkplatz am Nordrand des Ortes beim Touristmus-Infobüro.
[GPS: UTM Zone 33 x: 467.362 m y: 5.161.572 m]
CHARAKTER | Spaziergang auf Kärntens einziger „Rundum-Seepromenade“ und kurze Bergwanderung auf gut markierten Waldwegen.

Das Jauntal (slowenisch Podjuna) erstreckt sich östlich von Klagenfurt bis zur Engstelle der Drau vor dem Lavanttal. In seinem südlichen Bereich liegen mehrere kleine Seen, die eiszeitliche Gletscher hinterlassen haben. Der größte davon ist der 1,8 km lange, etwa 800 m breite und bis zu 48 m tiefe Klopeiner See, der im Sommer eine Wassertemperatur bis zu 28 °C erreicht. Kein Wunder also, dass der Klopeiner See zu den beliebtesten österreichischen Badeseen zählt. Weniger bekannt ist, dass man ihn auch umwandern kann – am besten mit einem „Schlenker“ zur kleinen spätgotischen Kirche auf dem Georgiberg: Sie steht in einem seit Urzeiten besiedelten Waldgebiet, bildet den letzten Rest einer mittelalterlichen Burg und bietet mit ihrer „Wunschglocke“ ein besonders liebenswertes Wanderziel.

Vom Kreisverkehr beim Parkplatz in **Klopein** 01 gehen Sie auf der Westuferstraße zur Kreuzung am See und geradeaus weiter. Nach 500 m bleiben Sie beim **Seerestau-**

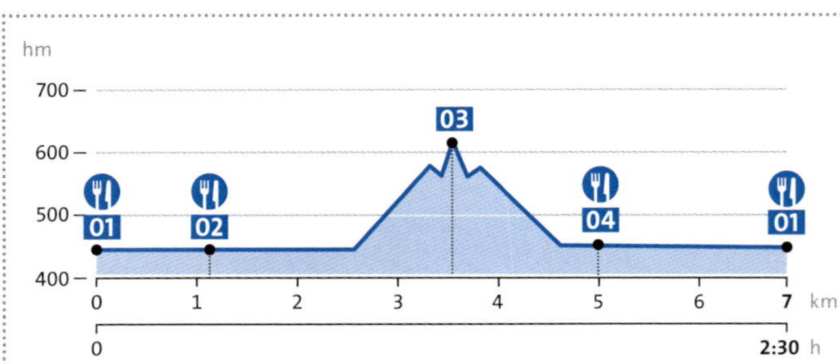

01 Klopein, 448 m; 02 Seerestaurant Princes, 448 m; 03 Georgiberg, 624 m; 04 Nordpromenade, 448 m

Klares Wasser inmitten grüner Wälder – Ferienparadies Klopeiner See.

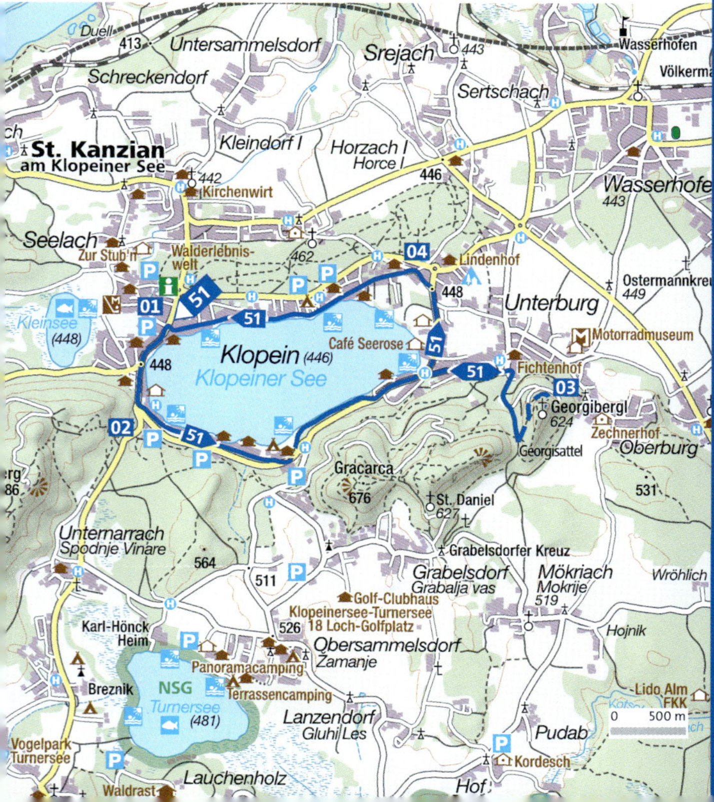

rant Princes 02 (448 m) geradeaus, folgen kurz der Süduferstraße und spazieren dann links auf der Südpromenade weiter.

An den Uferhäusern vorbei gelangen Sie zu einem Campingplatz und zum Strandbad Süd, nach dem die Promenade direkt dem bewaldeten Seeufer entlangführt. Vor dem Strandbad Krainz biegen Sie rechts auf die Georgibergstraße ab und folgen dieser 500 m nach Osten. Dann biegen Sie rechts ab (Beschilderung „Georgiberg Tour“, Nr. 4) und wandern auf einer schmalen Asphaltstraße durch einen Waldgraben hinauf. Von der folgenden Gabelung bleiben Sie links auf der „Georgiberg Tour“ und folgen dann stets den Wegweisern bis zur Kirche auf dem **Georgiberg** 03 (624 m).

Nach der Rast auf diesem sagenumwobenen Berg und dem Läuten der „Wunschglocke“ steigen Sie auf derselben Route ab und kehren auf der Georgibergstraße zum See zurück. Davor biegen Sie rechts auf die Ostuferstraße ab und gehen am Strandbad Krainz vorbei. Nach 500 m, beim Denkmal des Kärntner Abwehrkampfs und der Volksabstimmung von 1920, schwenken Sie links auf den Römerweg ein.

Schließlich spazieren Sie links auf der **Norduferpromenade** 04 nach **Klopein** 01 zurück. Die 2 km lange Strecke wurde 2012 von Künstlern neu gestaltet. Sie führt an Hotels, Cafés und Seegrundstücken vorbei, bis sie mit einem Stelen-Tor an der Kreuzung mit der Westuferstraße endet.

Die Georgikirche wurde um 1060 erstmals urkundlich erwähnt.

Der Hemmaberg – ein Kultplatz seit Urzeiten.

Geheimnisvoller Hemmaberg

Der nur 842 m hohe, aber mit steilen Hängen abfallende Hemmaberg erhebt sich im Vorfeld der Karawanken zwischen Sittersdorf und Globasnitz. Auf seinem flachen und ausgedehnten Gipfelplateau befand sich ein keltisches Heiligtum; an seinem Fuß entstand die römische Siedlung Iuenna, die dem Jauntal ihren Namen gab. In spätantiker Zeit ebaute man auf dem Hemmaberg eine Höhensiedlung mit Wällen und einer ersten Kirche. Um das Jahr 500 wurden auf dem Berg gleichzeitig zwei Doppelkirchen errichtet – möglicherweise eine für katholische Pilger und die andere für die Arianer der Ostgotenzeit. 100 Jahre später brannte die Siedlung ab. Aus ihren Steinen entstand zwischen 1498 und 1519 die heutige Wallfahrtskirche, die der heiligen Hemma geweiht wurde. In der spektakulären, aber derzeit wegen Felsstürzen nicht zugänglichen Rosaliengrotte verehrt man seit der Barockzeit die Pestheilige Rosalia.

RUND UM DAS SLABATNIGMOOR

Viel Straße, viel Natur

5 km | 2:00 h | 60 hm | 60 hm | 65

START | Buschenschenke Kordesch (477 m) in der Ortschaft Hof; Zufahrt von St. Kanzian am Klopeiner See/Klopein über Lanzendorf oder vom Kreisverkehr in Eberndorf Richtung St. Kanzian und nach 800 m links über Mökriach und Pudab. Öffnungszeiten: www.buschenschank.at/Eberndorf/Buschenschank-Kordesch [GPS: UTM Zone 33 x: 469.528 m y: 5.158.750 m]
CHARAKTER | Einfache Wanderung für die ganze Familie auf ruhigen Nebenstraßen und markierten Wegen.

Das 100 ha große Sablatnigmoor im Süden des Klopeiner Sees ist rund 9000 Jahre alt. Es entstand aus einem großen Schmelzwassersee des eiszeitlichen Draugletschers, der im Laufe der Zeit verlandete (und dabei nur den benachbarten Turnersee übrig ließ). Vor 200 Jahren wurden Teile der Wiesen für die Fischzucht wieder überstaut. So entwickelte sich ein überaus vielfältiges Biotop mit seltenen Pflanzen, das mehr als 170 Vogelarten Nahrung und Heimat bietet. Aber auch Schmetterlinge und Frösche fühlen sich hier wohl. Das Moor – ein Ramsar- und Europa-Schutzgebiet – kann umwandert werden, wobei die lange Asphaltstrecke am Beginn durch landschaftliche Schönheit wettgemacht werden. Es finden auch regelmäßig Führungen statt (www.sablatnigmoor.at).

▶ Schon beim Parkplatz vor der **Buschenschenke Kordesch** 01 finden Sie die erste Infotafel über das

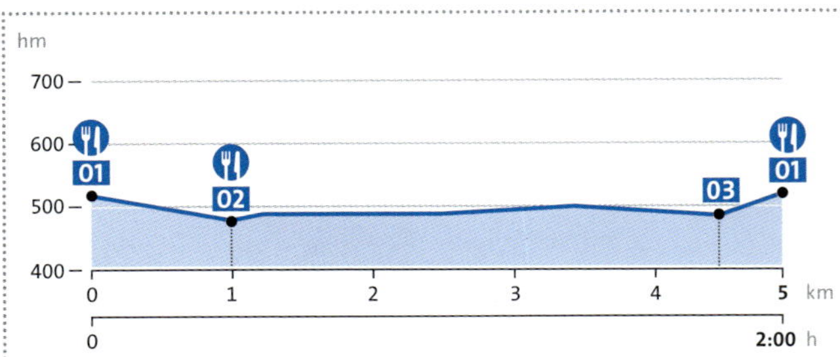

01 Buschenschenke Kordesch, 477 m; 02 Landgasthof Pirouzz, 481 m; 03 Tomarkeusche, 480 m

Einst Eissee, dann Wiese und seit 200 Jahren wieder unter Wasser.

Slabatnigmoor. Auf der asphaltierten Zufahrtsstraße gehen Sie nach Westen zum 1 km entfernten **Landgasthof Piroutz** 02 (481 m).

Westlich davon schließt sich das Moor des nahen Turnersees an. Der Moorrundweg führt jedoch nach links. Auf der Asphaltstraße wandern Sie nun neben den Wäldern der Dobrowa dahin und am **Gasthof Slabatnighof** vorbei. Etwa 500 m danach zweigen Sie links auf den Naturlehrpfad ab, der nun

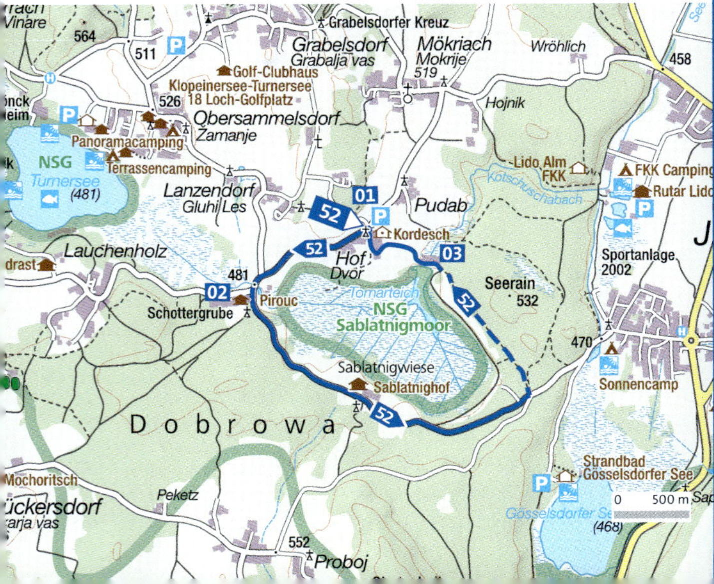

Wissen und Weitblick – eine Station auf dem Moorrundweg.

durch den Randbereich des Moores ans Ostufer des Tomarteichs führt. Tafeln informieren über Flora und Fauna, dazwischen befindet sich ein Beobachtungsstand. Über den kleinen Damm des Teichs kommen Sie dann zur renovierten **Tomarkeusche** 01 (480 m). Neben diesem Informations- und Forschungszentrum befindet sich eine Vogelbeobachtungshütte, aus der man gut auf die freie Wasserfläche sieht.

Zuletzt folgen sie einer Schotterstraße zu einem Rast- und Panoramapunkt (schöne Sicht über die Moorsenke zur Petzen und zur Koschuta) und zur **Buschenschenke Kordesch** 01 hinauf.

Der Wildensteiner Wasserfall

Zwischen dem Klopeiner See und dem Hochobir verbirgt sich eines der interessantesten Naturwunder Kärntens: Vom Gasthaus „Zum Wasserfall“ nahe der Ortschaft Wildenstein (Gemeinde Gallizien) gelangt man auf einem gut angelegten Weg in 20 Minuten zum Wildensteiner Wasserfall hinauf. Der Wildensteiner Bach stürzt hier über eine 54 m hohe Felswand – und zwar frei durch die Luft.

Kühles Nass, durch die Luft zischend – der Wildensteiner Wasserfall.

53

HOCHOBIR • 2139 m

Unterkärntens schönster Aussichtsberg

5,5 km · 2:30 h · 540 hm (Aufstieg) · 540 hm (Abstieg) · 65

START | Eisenkappler Hütte (1553 m) am Hochobir; Zufahrt von Bad Eisenkappel oder Zell-Schaida über den Schaidasattel, dann auf einer 12,8 km langen, schmalen, aber asphaltierten Mautstraße (1. Mai–31. Oktober), Automat beim Schranken – Münzen mitnehmen! [GPS: UTM Zone 33 x: 462.416 m y: 5.149.899 m]
CHARAKTER | Kurze, landschaftlich sehr schöne Bergwanderung auf steinigen Pfaden; im Gipfelbereich ist Trittsicherheit nötig.

Obir – den Riesen – nannten ihn die Slowenen. Als mächtiger Gebirgsstock steht er sozusagen in der ersten Reihe vor dem Grenzzaun der Karawanken. Schon vor 500 Jahren wurde auf dem Obir nach Blei geschürft. Bis heute sind Stollen und Auswurfhalden zu sehen, die Ruine des einstigen Knappenhauses steht nur 100 m unter dem Gipfelkreuz. Nach dem Ende des Bergbaus führte es der Österreichische Touristenklub als Schutzhütte und Wetterstation. Während des Zweiten Weltkriegs diente es der Deutschen Wehrmacht als Beobachtungsposten, bis es 1944 Partisanen in Brand setzten. Eine erste Wetterwarte wurde 1846 auf dem Hochobir eröffnet, sie war längere Zeit die höchstgelegene meteorologische Messstation der Habsburgermonarchie – besteht nicht mehr; auf ihrem Sockel steht heute eine kleinere meteorologische Messstation.

▶ Zwischen der **Eisenkappler Hütte** 01 und ihrem Parkplatz beginnt der Pfad Nr. 623/608 auf den Hochobir, der durch einen steilen Waldhang zu einer Gabelung an-

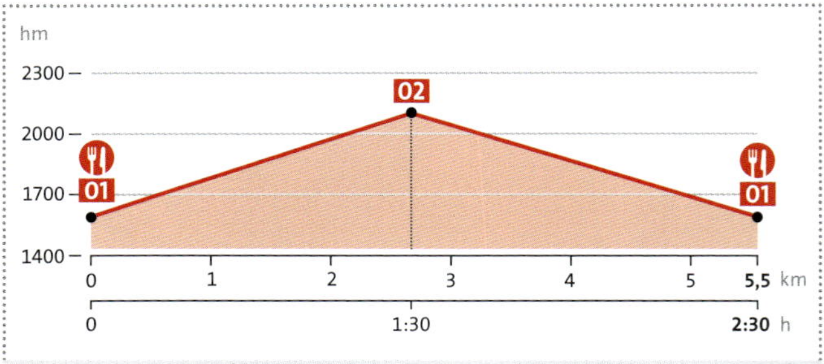

01 Eisenkappler Hütte, 1553 m; 02 Hochobir, 2139 m

Auf dem Weg zum Hochobir.

steigt. Von dort wandern Sie nach links und – vorbei an Auswurfhalden des einstigen Bergwerks – zur sogenannten Napoleonwiese auf dem Rücken der Seealpe hinauf. Dort wird der Gipfel sichtbar – und der Weg breiter. Er führt nach links zur Kalten Quelle und in die Mulde unter dem Gipfel, in dem die Mauerreste des Rainer-Schutzhauses (2042 m) stehen. Rechts führt ein kurzer Stichpfad zu einem Stollen. Zuletzt zieht der stellenweise felsige Pfad durch den Südhang auf den **Hochobir** 02 (2139 m) empor.

Nach 1 ½ Stunden Aufstiegszeit genießen Sie von seinen beiden Kreuzen eine weite Sicht zum Hauptkamm der Karawanken und ins Drautal, nach Klagenfurt und zum Wörthersee, aber auch zum Klopeiner und zum Turnersee.

Abstieg auf derselben Route.

FEISTRITZER SPITZE • 2114 m

Auf die Petzen

6 km | 3:30 h | 520 hm | 520 hm | 65

START | Talstation der Petzen-Bergbahn (570 m) südlich von Feistritz ob Bleiburg; Parkplatz; Auffahrt mit der Kabinenbahn zur Bergstation (1711 m); Info: www.petzen.net
[GPS: UTM Zone 33 x: 482.613 m y: 5.151.641 m]
CHARAKTER | Eindrucksvolle Bergwanderung auf steinigen Pfaden, die stellenweise Trittsicherheit und Schwindelfreiheit erfordern; bei Nebel schwierige Orientierung!

So wie der Hochobir ist auch die östlich benachbarte Petzen ein riesiger Gebirgsstock; einer seiner höchsten Gipfel, die aussuchtsreiche Feistritzer Spitze, überhöht das Jauntal um 1700 m. Nach Norden zeigt die Petzen Felsabbrüche, ihre slowenische Südseite weist dagegen Wiesen und Latschenfelder auf. Durch ihre Lage am Ostrand der Karawanken bietet sie ein besonders interessantes Gipfelpanorama, das bei klarer Luft vom Großglockner über die nahen Steiner Alpen bis zu den Waldhügeln im Osten Sloweniens reicht.

Von der **Bergstation der Petzen-Bergbahn 01** folgen Sie der Beschilderung „P 4 Hochpetzensteig, P 5 Kniepssteig" und gehen auf einem Fahrweg an der betonierten Petzenkapelle vorbei zur Skipiste, über die ein Pfad zur **Skilift-Bergstation 02** (1910 m) führt.

Vom nahen Rastplatz führen zwei Pfade auf den Berg. Der rechts abzweigende Rainersteig (Wegweiser „P 5 Kniepssteig" führt durch Latschen und lichten Lärchenwald ins schutterfüllte Kar der Oberen

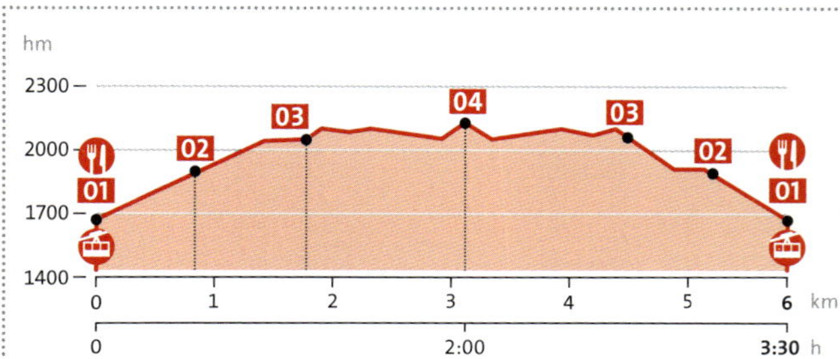

01 Bergstation der Petzen-Bergbahn , 1711 m; 02 Skilift-Bergstation, 1910 m; 03 Kniepssattel, 2012 m; 04 Feistritzer Spitze, 2114 m

Blick von der einstigen Bleiberger Hütte zur Sau- und zur Koralm.

Krischa, über dem die Felsflanken des Knieps und der Feistritzer Spitze sichtbar werden. Über steile Stufen gelangen Sie zur Ruine der im Zweiten Weltkrieg zerstörten Bleiburger Hütte hinauf. In diesem Gebiet wurden Bleierze abgebaut, ein alter Stollen ist erhalten geblieben. Darüber erreichen Sie die mit Latschen bewachsenen Almböden um den **Kniepssattel** 03 (2012 m) und damit die Staatsgrenze zwischen Österreich und Slowenien. Im Süden erscheinen nun die mächtigen Steiner Alpen.

Von dort steigen Sie rechts auf die aussichtsreiche Kuppe des Knieps/Končnikov vrh (2110 m). Der Pfad führt noch 1,5 km über den buckligen Kamm weiter – zwischen Felsabbrüchen (rechts) und Gras- bzw. Latschenhängen (links). Nach knapp 2 Stunden Aufstiegszeit ste-

Unterhalb der Bergstation lockt der Gastof Siebenhütten zur Einkehr.

Über diesen aussichtsreichen Kamm führt der Weg zum Gipfel.

hen Sie bei den beiden Gipfelkreuzen auf der **Feistritzer Spitze** 04 (2114 m). Weit schweift der Blick über das Jauntal bis zur Koralm, zu den Ausläufern der Karawanken und über die wilden Felsberge Sloweniens – hinter der Koschuta lugt sogar der Triglav hervor.

Über den Knieps geht's dann wieder zurück zur Abzweigung am **Kniepssattel** 03. Von dort gehen sie jedoch nicht links zur verfallenen Bleiberger Hütte hinunter, sondern folgen der Beschilderung „Siebenhütten, Bergstation". Der so bezeichnete Pfad wird bald steinig-felsig und schlängelt sich über den steilen, mit Latschen bewachsenen Rücken zwischen dem Krischa- und dem Trebnikkar zur **Skilift-Bergstation** 02 hinab. Nach dem finalen Pisten-Abstieg zur **Bergstation der Petzen-Bergbahn** 01 fahren Sie mit der Kabinenbahn wieder talwärts.

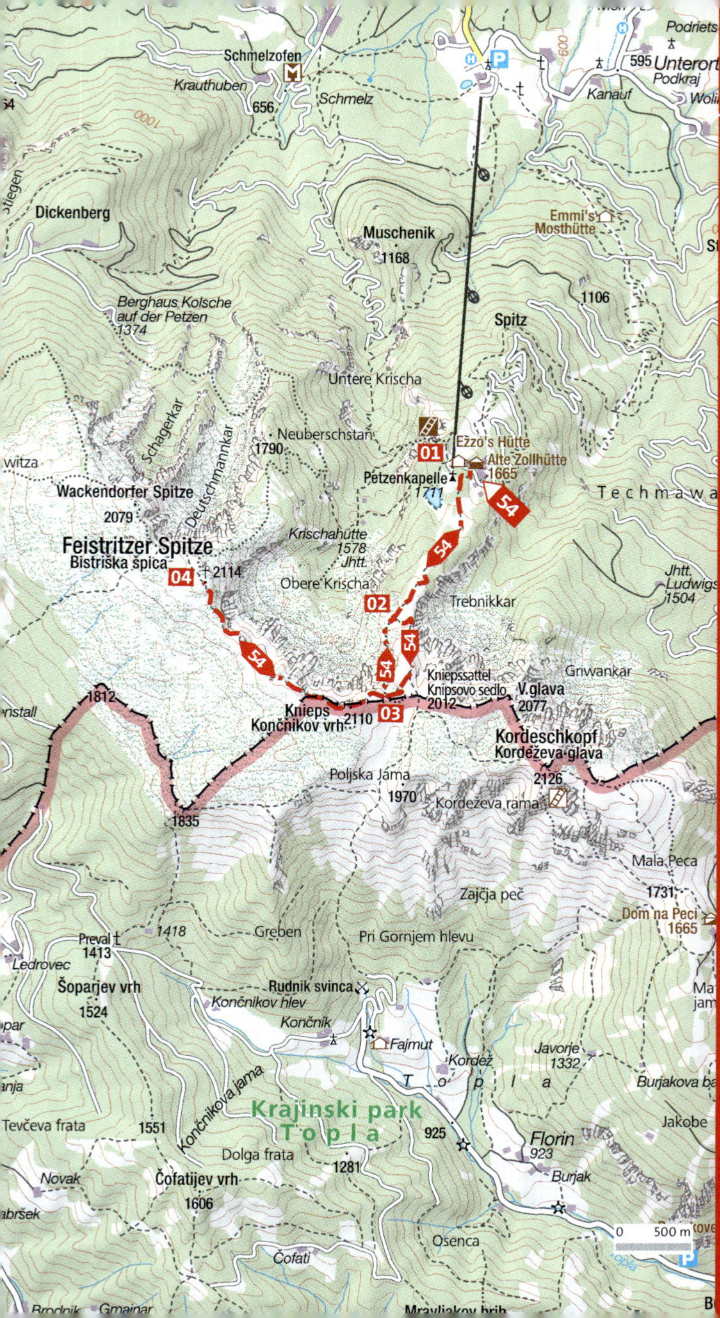
Schmelzofen
Krauthuben
656
Schmelz
Podrietsch
595 Unterort
Podkraj
Kanauf
Dickenberg
Muschenik
1168
Emmi's Mosthütte
1106
Spitz
Berghaus Kolsche auf der Petzen
1374
Untere Krischa
Neuberschstan
1790
Schagerkar
Deutschmannkar
01
Ezzo's Hütte
Alte Zollhütte
1665
Petzenkapelle
1711
Wackendorfer Spitze
2079
Feistritzer Spitze
Bistriška špica
04
2114
Krischahütte
1578
Jhtt.
Obere Krischa
02
Trebnikkar
Techmawand
Jhtt. Ludwigs
1504
Kniepssattel
Knipsovo sedlo
2012
V.glava
2077
Griwankar
1812
Knieps
Končnikov vrh
2110
03
Kordeschkopf
Kordeževa glava
2126
Poljska Jama
1970
Kordeževa rama
1835
Mala Peca
1731
Zajčja peč
Dom na Peci
1665
Preval
1413
1418
Greben
Pri Gornjem hlevu
Ledrovec
Šoparjev vrh
1524
Rudnik svinca
Končnikov hlev
Končnik
Fajmut
Kordež
Javorje
1332
Burjakova
Topla
Krajinski park Topla
Končnikova jama
Tevčeva frata
1551
925
Florin
923
Jakobe
Dolga frata
1281
Burjak
Novak
Čofatijev vrh
1606
Osenca
Čofati
0
500 m
54
1000
600

RUND UM DEN LÄNGSEE

Moor- und Pilgerwege

13,5 km | 3:30 h | 110 hm | 110 hm | 214

START | St. Georgen am Längsee (593 m), 7 km östlich von St. Veit an der Glan; Bushaltestelle, Parkplatz beim Stift.
[GPS: UTM Zone 33 x: 456.629 m y: 5.181.013 m]
CHARAKTER | Lange, aber landschaftlich schöne Wanderung auf ruhigen Nebenstraßen und markierten Wanderwegen – mit Kindern sollte man die Tour auf zwei Tagesetappen aufteilen.

Seit mehr als 1000 Jahren steht das Stift St. Georgen über dem 75 ha großen Längsee im Osten Kärntens. Der Klosterkomplex zeigt sich heute in barocker Pracht, er beherbergt ein Seminarzentrum, ein Bildungshaus und ein Hotel. Und er bilden den Mittelpunkt eines schönen Rad- und Wandergebiets, das viele versteckte Besonderheiten birgt. Zwei davon können Sie auch bei der hier vorgeschlagenen Rundtour entdecken: Das stille Moor im Süden des Sees und die Wallfahrtskirche Maria Wolschart im gleichnamigen Wald, der sich nördlich davon ausbreitet. Der war wegen seiner Räuber und Wölfe einst übel beleumdet, doch im 18. Jahrhundert entstand dort eine Kapelle und anno 1840 eine zusätzliche kleine Kirche samt Mesnerhaus. Der einsame Platz zwischen mächtigen Bäumen strahlt einen besonderen Reiz aus – und er ist neuerdings wieder Schauplatz für kulturelle Aktivitäten.

▶ Vom Südrand des Parkplatzes in **St. Georgen am Längsee** 01 gehen Sie rechts zum romanischen Haupteingang des Stifts und schwenken

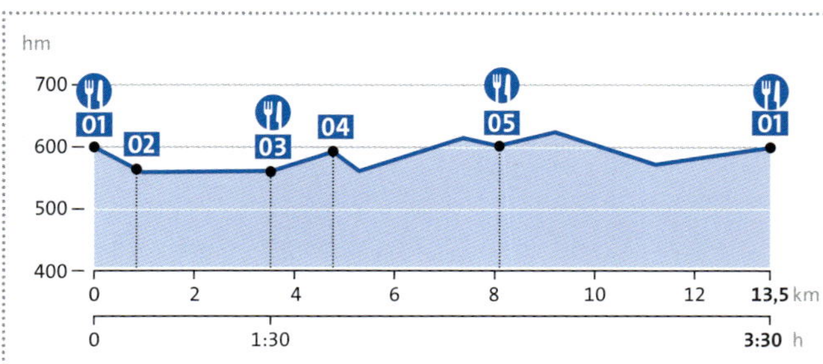

01 St. Georgen am Längsee, 593 m; 02 Fiming, 580 m;
03 Strandbad, 551 m; 04 Töplach, 600 m; 05 Maria Wolschart, 603 m

Vom Klostergarten blickt man zum Längsee.

davor links in die Schlossallee ein. Sie folgen damit der Wanderroute Nr. 3 „Rund ums Moor" und dem „Vierbergeweg" nach Süden zur Friedhofskapelle. Davor bleiben Sie rechts auf der Schlossallee, von der Sie kurz vor ihrer Einmündung in die Längseestraße links auf einem Weg zur Volksschule von St. Georgen am Längsee kommen. Geradeaus geht's auf der Ortwinusstraße 500 m weiter zur Längseestraße, die überschritten wird. Jenseits folgen Sie dem Radweg neben der Fahrbahn nach links, also nach Süden. Nach weiteren 500 m biegen Sie in der kleinen Siedlung **Fiming** 02 (580 m) rechts auf die Straße „An der Lauer" ab.

Von der folgenden Gabelung gehen Sie links zur Brücke über den kleinen Lavabach und biegen gleich danach rechts auf einen Feld- und Waldweg ab. Dieser führt 1 km durch die Feuchtwiesen und Moorflächen im Süden des Längsees, bis er nach einer Hochspannungsleitung auf einen Güterweg und kurz darauf auf die Landesstraße bei Dellach trifft (jenseits liegt der kleine Joseleteich). Der Moorrundweg verlässt sie gleich wieder nach rechts und zieht zwischen Feldern und Wald zum Strand-Gasthaus beim **Strandbad** 03 (551 m) am Südufer des Längsees. Von dort könnte man die Tour nach gut 1 ½ Stunden Gehzeit „halbieren" und rechts in 30 Minuten nach **St. Georgen am Längsee** 01 zurückgehen.

Der Weg um den Längsee folgt dagegen dem Geh- und Radweg neben der Straße nach links, vorbei am Naturbad Längsee und am Golfplatz, in den 1,2 km entfernten

Stift St. Georgen am Längsee.

Kärntens Symbol – die Burg Hochosterwitz

Auf einem 150 m hohen Kalkkegel östlich von St. Veit an der Glan thront die prachtvolle Burg Hochosterwitz, die im Jahre 860 erstmals urkundlich erwähnt wurde. Seit 470 Jahren befindet sie sich im Besitz der Familie Khevenhüller. Auf dem Zugangsweg durchschreitet man 14 Tore, bis man die Hochburg mit der 1586 erbauten Burgkirche erreicht (man kommt auch mit einem Schrägaufzug hinauf). Sehenswert sind auch die Waffenkammer und die Burgschmiede, in der bis heute mittelalterliches Handwerk gepflegt wird. Die Burg bietet auch wechselnde Ausstellungen; zur Stärkung lädt das Burgrestaurant ein.

www.burg-hochosterwitz.com

Weiler **Töplach** 04 (600 m), wo Sie bei der Bushaltestelle rechts abzweigen. Bei der Zufahrt zum Hotel Seehof gehen Sie geradeaus auf der Schotterstraße zur Schießstätte von St. Georgen weiter. Die Rechtsabzweigung gleich dahinter ignorieren Sie, bei der folgenden Kreuzung nach 130 m biegen Sie jedoch rechts auf einen Feldweg ab. Im Wald bleiben Sie bei allen Abzweigungen geradeaus. So erreichen Sie nach 900 m eine Forststraße, auf der Sie rechts zum Wolschartweg marschieren. Diese Schotterstraße führt links zum noch 400 m entfernten Wallfahrtskirchlein **Maria Wolschart** 05 (603 m) und seinem Kulturwirtshaus.

Der Rückweg erfolgt wieder auf dem Wolschartweg, der 2 km nach Süden nach Drasendorf (609 m) führt. Dort kommen Sie am Wucherer Schlössl aus dem 13. Jahrhundert vorbei, bevor Sie auf der asphaltierten Drasendorfer Straße noch etwa 1,5 km bis **St. Georgen am Längsee** 01 zurückmarschieren.

Burg Hochosterwitz – Kulturschatz und Wander-Startpunkt.

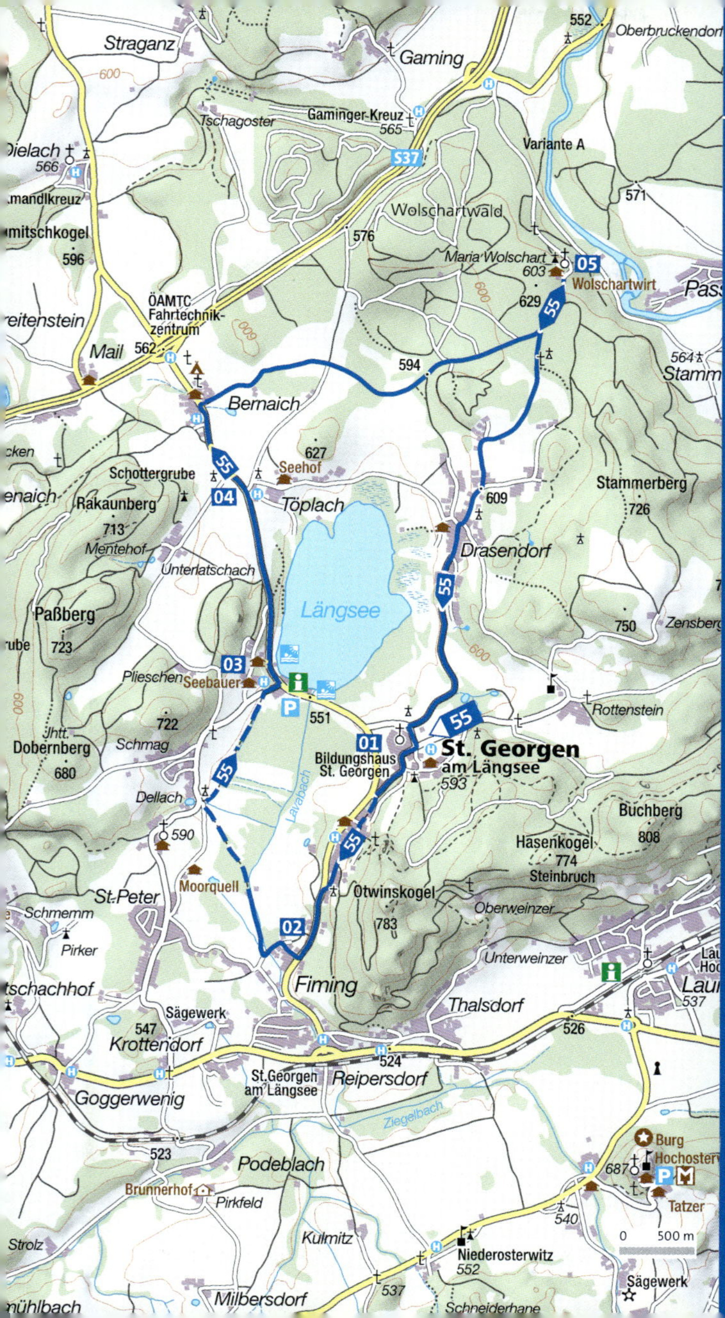
Straganz
Gaming
552
Oberbruckendorf
600
Tschagoster
Gaminger Kreuz
565
S37
Dielach
566
Amandlkreuz
Himitschkogel
596
Variante A
571
Wolschartwald
576
Maria Wolschart
603
05
Wolschartwirt
Pass
629
600
55
ÖAMTC Fahrtechnik-zentrum
Breitenstein
600
Mail
562
594
564
Stamm
Bernaich
627
Seehof
Schottergrube
55
04
Töplach
609
Stammerberg
726
Rakaunberg
713
Mentehof
Drasendorf
Unterlatschach
55
Paßberg
723
Längsee
750
Zensberg
600
03
Plieschen
Seebauer
551
Rottenstein
722
Jhtt.
Dobernberg
680
Schmag
01
55
St. Georgen am Längsee
593
Bildungshaus St. Georgen
55
Dellach
590
Lavabach
55
Buchberg
808
Hasenkogel
774
Steinbruch
Moorquell
St. Peter
Otwinskogel
783
Oberweinzer
Schmemm
Pirker
02
Unterweinzer
Fiming
Laun
537
Thalsdorf
Sägewerk
547
Krottendorf
526
524
St. Georgen am Längsee
Reipersdorf
Goggerwenig
Ziegelbach
523
Burg Hochosterwitz
Podeblach
687
Brunnerhof
Pirkfeld
Tatzer
540
Kulmitz
0
500 m
Strolz
Niederosterwitz
552
537
Sägewerk
Mühlbach
Milbersdorf
Schneiderhane

MEINE TIPPS...

Das Wahrzeichen von Klagenfurt.

...FÜR KULTURINTERESSIERTE

Ein Besuch der Kärntner Landeshauptstadt Klagenfurt lohnt sich auf jeden Fall. Ausgehend vom Zentrum um den Klagenfurter Dom und den Neuen Platz (mit dem berühmten Lindwurmbrunnen) entdecken Sie in der Altstadt unzählige große und kleine Kulturschätze. Besondere Tipps sind der Benediktinermarkt, der Reptilienzoo Happ (Villacher Straße 237) und das Robert-Musil-Literatur-Museum in der Bahnhofstraße.
www.visitklagenfurt.at

Klagenfurt liegt am Ostufer des Wörthersees, der vom städtischen Strandbad Klagenfurt bis Maria Loretto einige Attraktionen bietet – etwa das berühmte Minimundus, das die wichtigsten Bauwerke der Welt im Maßstab 1:25 zeigt. Durchs Wasser pflügt die Thalia, eines der letzten Schrauben-Dampfschiffe Europas. Der 4 km lange Lendkanal verbindet die Innenstadt mit dem See; er begeistert Jogger, Radfahrer, Inline-Skater und Stand-Up-Paddler. Wer lieber gemütlicher unterwegs ist, fährt mit der historischen Lendcanaltramway.
www.minimundus.at
www.nostalgiebahn.at/lendcanaltramway

Der 1059 m hohe Magdalensberg, der sich südöstlich von St. Veit an der Glan erhebt, bietet eine prachtvolle Aussicht. Im 1. Jahrhundert v. Chr. wurde dort oben eine Stadt gegründet. 22 Gebäude dieser ältesten Metropole Kärntens hat man inzwischen ausgegraben und damit einen der größten Archäologieparks Mitteleuropas geschaffen. Ein Erdbeben zerstörte die Siedlung im Jahre 9 n. Chr.; um 45 n. Chr. baute man sie unten auf der Ebene neu auf und nannte sie Virunum. Heute stehen auf dem Magdalensberg eine schöne Kirche und ein weitum beliebter Gasthof.
www.magdalensberg.gv.at
www.hotel-magdalensberg.at

Um 753 entstand in Maria Saal die „Kirche der heiligen Maria in Karantanien“. Ihre heutige Gestalt erhielt sie im 15. Jahrhundert. In die Außenmauer des doppeltürmigen Bauwerks wurden 30 Relief- und römische Grabsteine aus dem um das Jahr 400 untergegangenen Virunum eingemauert. Im örtlichen Freilichtmuseum sind Bauernhöfe aus ganz Kärnten zu sehen. In Virunum im Zollfeld wurde eines der größten Amphitheater im Ostalpenraum ausgegraben. Aus Römersteinen wurde im 9. Jahrhundert auch der Herzogstuhl auf dem Zollfeld errichtet. Er zählt zu den bekanntesten Rechtsdenkmälern Europas.
www.maria-saal.gv.at
www.freilichtmuseum-mariasaal.at

Dieser berühmte Römerstein in Maria Saal zeigt eine Reise ins Totenreich.

...FÜR NATURFREUNDE

In Seeboden am Millstätter See (Liedweg 3) bezaubert ein Bonsai-Museum mit rund 4000 Exemplaren nach japanischem Vorbild.
www.bonsaimuseum.at

Das Granatium in Radenthein steht ganz im Zeichen des „Karfunkelsteins" oder des „Feuersteins der Liebe". So nannte man einst den rubinroten Granat, der im Bereich der Millstätter Alpe auf Schritt und Tritt zu finden ist und bis 1909 bergwerksmäßig abgebaut wurde.
www.granatium.at

Eindrucksvolle Vogelflug-Vorführungen erlebt man auf der Adlerwarte der imposanten Burg Landskron, die zwischen Villach und dem Ossiacher See auf einem Hügel thront.
www.burg-landskron.at

...FÜR WASSERFANS

Der 11 ha große Farchtensee liegt in einem Landschaftsschutzgebiet zwischen dem Ostufer des Weißensees und der Windischen Höhe in der Marktgemeinde Paternion.
www.paternion.at

Östlich von Villach lohnt sich ein Bade-Besuch am 14 ha großen Magdalenensee. Im Westen der Stadt ist alljährlich ein besonderes Naturwunder zu beobachten: Das „Maibachl", eine Thermalquelle am Fuße des Dobratsch sprudelt nur zur Zeit der Schneeschmelze oder nach starken Niederschlägen – dann kann man in zwei Quellbecken im 28 °C warmen Thermalwasser relaxen. Gehobenes Badevergnügen mit allem Drum und Dran bietet die nahe KärntenTherme in Warmbad Villach.
www.kaerntentherme.com

Der Pirkdorfer See zählt zu den Geheimtipps unter Kärntens Badeparadiesen.

Beliebte Strandbäder findet man auch im Landschaftsschutzgebiet des Keutschacher 4-Seen-Tals, und zwar am fast 16 ha großen Hafnersee und am 19 ha großen Rauschelesee. Am Südufer des Keutschacher Sees besteht Europas größtes FKK-Gelände. Nördlich der Ortschaft Schiefling am Wörthersee tummeln sich große und kleine Wasserfans gerne am Trattnigteich.
www.woerthersee.com/de/4-seental-keutschach

Neben dem Klopeiner See erfreuen sich in Südkärnten auch der 44 ha große Turnersee und der 32 ha große Gösselsdorfer See großer Beliebtheit. Östlich davon, in der Gemeinde Feistritz ob Bleiberg am Fuße der Petzen, verspricht der kleine Pirkdorfer See sommerliche Erholung,
www.klopeinersee.at

Zwischen dem Ossiacher See, St. Veit an der Glan und Klagenfurt findet man etliche kleine Badeparadiese – etwa den idyllischen Flatschacher See bei Feldkirchen, den Maltschacher See nördlich von Moosburg, den St. Urbaner See in St. Urban, den Goggausee bei Steuerberg, den Kraiger See in der Gemeinde Frauenstein und den Hörzendorfer See nahe dem Zollfeld.
www.kaernten-mitte.at

...FÜR BODENSTÄNDIGE GENIESSER

Würziger Almkäse und zarter Speck zählen zu den kulinarischen „Aushängeschildern" des Landes. Im Gailtal reicht die Tradition des Käsemachens auf der Alm besonders weit zurück. Charakteristisch für den von der EU geschützten Gailtaler Speck sind seine rote Farbe und das schneeweiße Fett. Er weist einen mildsalzigen, gut ausgeprägten Räucher- und Fleischgeschmack auf.
www.gailtaler-almkaese.at
www.gailtalerspeck.at

Zur GenussRegion Kärntna Låxn gehört die Gemeinde Feld am See. Låxn – das sind Seeforellen, die wie vor Jahrhunderten in Naturteichen aufwachsen, natürlich ganz ohne Gentechnik und Biotechnologie. Meisterhaft „im Ganzen" zubereitet werden diese Fische zur unvergesslichen Köstlichkeit!
www.laxn.at

Im Südosten Kärntens ist der „Jauntaler Had'n" zu Hause. Dabei handelt es sich um eine spezielle Buchweizen-Sorte, die die Kulinarik der Gegend ganz deutlich prägt – vom traditionellen Sterz über die berühmten Had'nmehlknödeln bis zur süßen Hadn'torte. Man kann sogar Had'nbier und Had'nlikör verkosten.
www.hadn.info

Was wäre Kärnten ohne seine Nudeln? Diese Teigtaschen mit ihrem „gekrendelten" Rand erinnern an eine große Version der italienischen Ravioli. Schon um 1485 erwähnte Paolo Santonino, der Sekretär des Patriarchen von Aquilea, diese „Teigwerke mit schmackhaftem Inhalte". So gibt es nicht nur Kasnudeln (mit einer Topfen-Kartoffel-Fülle, gewürzt mit Minze und/oder Kerbel) oder Fleischnudeln (gefüllt mit Haschee, also Hackfleisch), sondern auch Spinat-, Pilz-, Kürbis- oder Mozzarella-Tomaten-Nudeln. Für ganz besondere Leckermäuler sind Kletzennudeln (mit Dörrobst und Zimt) das Höchste. Verkosten können Sie Kärntner Nudeln in vielen Dorf- und Landgasthöfen, z. B. im
Gasthof Zum Goldenen Rössl
Marktplatz 18, A-9751 Sachsenburg,
Tel. +43 4769 2556,
www.goldenes-roessl-sachsenburg.at

Låxn (oben) und gemischte Nudeln.

ALMEN UND SCHUTZHÜTTEN

Bitte beachten Sie, dass sich die angegebenen Bewirtschaftungszeiten und Telefonnummern kurzfristig ändern können.

Alexanderhütte
1786 m, auf der Millstätter Alpe, Tel. +43 664 6454920, www.sennerei.at

Alm hinterm Brunn
1275 m, im Norden des Weißensees, Tel. +43 650 8704116, www.weissensee.com

Bertahütte
1527 m, am Mittagskogel über dem Faaker See, Tel. +43 664 7943057 , www.bertahuette-mittagskogel.at

Dobratsch Gipfelhaus
2143 m, auf dem Dobratsch bei Villach, Tel. +43 720 350340, www.gipfelhaus-dobratsch.at

Eisenkappler Hütte
1553 m, auf dem Hochobir, Tel. +43 4238 8170, www.eisenkapplerhuette.at

Egger Alm
1422 m, südlich von Hermagor, Tel. +43 650 3910520, www.gailtaler-almkaese.at/1-mitglieder/01-egger

Gasthaus Oisternig, Feistritzer Alm
1718 m, am Oisternig, Tel. +39 337 7700365, www.nassfeld.at

Die Eisenkappler Hütte am Hochobir.

Garnitzenalm
1645 m, östlich vom Nassfeld, Tel. +43 676 842868700, www.facebook.com/Garnitzenalm

Gerlitzen Gipfelhaus
1909 m, auf der Gerlitzen über dem Ossiacher See, Tel. +43 4248 2881, www.gerlitzen.at

Goldeckhütte
1929 m, oberhalb von Spittal an der Drau, Tel. +43 650 3254149, www.alpenverein.at/spittal-drau

Gusenhütte
1740 m, am Goldeck bei Spital an der Drau, Tel. +43 664 4147144, www.sportberg-goldeck.com/huetten

Hansbauerhütte
1680 m, auf der Millstätter Alpe, Tel. +43 476 2081823, www.millstaettersee.com

Kapelleralm
1854 m, am Goldeck bei Spital an der Drau, Tel. +43 664 6465232, www.sportberg-goldeck.com/huetten

Kohlröslhütte
1534 m, am Golz über dem Weißensee, Tel. +43 664 88501860, www.kohlroesl.at

Millstätter Hütte
1876 m, auf der Millstätter Alpe, Tel. +43 664 73633439, www.millstaetterhuette.at

Naggleralm
1324 m, am Golz über dem Weißensee, Tel. +43 699 10361000, www.weissensee.com

Lammersdorfer Hütte
1644 m, auf der Millstätter Alpe, Tel. +43 664 1608123, www.lammersdorferhuette.at

Rifugio F.lli Nordio e Deffar
1415 m, am Oisternig, Tel. +39 3208 151052, www.tarvisiano.org/code/43100/Rifugio-F-lli-Nordio-e-Deffar

Schwaigerhütte
1623 m, auf der Millstätter Alpe, Tel. +43 676 9452823, www.millstaettersee.com

Siebenhütten, Berggasthof
1692 m, auf der Petzen, Tel. +43 04235 5116, www.petzen.net

Sommeregger, Alpengasthof
1698 m, auf der Millstätter Alpe, Tel. +43 4762 81238, www.sommereggeralm.at

Starhand, Alpengasthaus
1459 m, am Oisternig, Tel. +43 4283 2004, www.vorderberg.info/index.php/wirtschaft/alpengasthof-starhand

Steinwenderhütte
1473 m, auf der Gerlitzen über dem Ossiacher See, Tel. +43 664 3439906, www.steinwenderhuette.at

Watschiger Alm
1620 m, am Gartnerkofel östlich vom Nassfeld, Tel. +43 4285 8170, www.nassfeld.at

Zum Rudi, Gasthaus
1422 m, auf der Egger Alm im Süden von Hermagor, Tel. +43 676 9343605, www.zumrudi.at

ÜBERNACHTUNGSVERZEICHNIS

€ unter 30 EUR €€ 30 – 60 EUR €€€ über 60 EUR
(pro Pers./DZ/inkl. Frühstück)

Gemeinde Weissensee ....Plz 9762, Tel. +43 4713
Draxl-Hof €€, Neusach 10, Tel. 23020, www.draxl-hof.at
See Hotel Kärntnerhof €€€, Techendorf 56, Tel. 2212, www.kaerntnerhof.at
Ferienhof Neusacher Moser €€, Neusach 9, Tel. 2322, www.neusacher-moser.at
Hotel Gasthof Weissensee €€, Alte Schulgasse 11, Tel. 1408140, www.casamelissa.at

Hermagor – Pressegger See – Nassfeld ....Plz 9620, Tel. +43 4282
Alpenhotel Plattner €€, Sonnenalpe Nassfeld 99, Tel. +43 4285 8285, www.plattner.at
Gästehaus Pernull €€, Khünburg 11, Tel. 2073, www.pernull.at
Alpen Adria Hotel & Spa €€€, Presseggersee 2, Tel. 2666, www.alpenadriahotel.at
Falkensteiner Hotel Sonnenalpe €€€, Nassfeld 9, Tel. 5821199, www.falkensteiner.com

Spittal an der Drau ....PLZ 9800, Tel. +43 4762
Familiengasthof St. Wolfgang €€, St. Wolfgang 3, Tel. 4704, www.familiengasthof.at

Rothenthurn bei Spittal an der Drau ....PLZ 9701, Tel. +43 4767
Lug ins Land €€-€€€, Oberzmöln 1, Tel. 8190, www.luginsland.at

Seeboden am Millstätter See ....Plz 9871, Tel. +43 4762
Familienpension Linder €€-€€€, Seestraße 25, Tel. 81169, www.haus-linder.at
Mörtbauerhof €€, Kochstraße 2, Tel. 81285, www.moertbauerhof.at
Pension Oberwinkler €€, Hauptstraße 135, Tel. 81778, www.pension-oberwinkler.at

Millstatt am See ....Plz 9872, Tel. +43 4766
Hotel Alexanderhof €€€, Alexanderhofstraße 16, Tel. 2020, www.alexanderhof.at
Hotel-Café-Restaurant Matzelsdorfer Hof €€-€€€, Mazelsdorf 49, Tel. 2650, www.matzelsdorferhof.at
Pension Sedlak €€-€€€, Zopfenkopfweg 12, Tel. 2114, www.pension-sedlak.at

Feld am See ....Plz 9544, Tel. +43 4246
Landhotel Lindenhof €€€, Kirchenplatz 2, Tel. 2274, www.landhotel-lindenhof.at
Gasthof Thurnerhof €€, Thurnerweg 14, Tel. 2790, https://thurnerhof.jimdo.com

Afritz am See ....Plz 9542, Tel. +43 4247
Gästehaus Reicher €€, Scherzbodenstrasse 16, Tel. 2175, www.pension-reicher.at

Verditz ....Plz 9542, Tel. +43 4241
Pension Almhof €€-€€€, Schwarzseeweg 1. Tel. 363222, www.pensionalmhof.at

Steindorf am Ossiacher See ....Plz 9552, Tel. +43 4243
Pension AdlerHorst €€, Neubauweg 4, Tel. 23305, www.pensionadlerhorst.at
Hotel Ossiacher See €€, Stiegl – Seeblickweg 17, Tel. 2484, www.hotel-ossiacher-see.at
Seehotel Hoffmann €€€, Steindorf am Ossiacher See, Tel. 8704, www.seehotel-hoffmann.at

Ossiach ....Plz 9570, Tel. +43 4243
Stiftsschmiede Ossiach €€-€€€, Ossiach 4, Tel. +43 676 4011793, www.stiftsschmiede.com
Gästehaus Luise €€, Alt Ossiach 69, Tel. 8182, www.gaestehaus-luise-ossiach.at
Blumenpension Strauss €€, Rappitsch 3, Tel. 422, www.pension-strauss.at

Turracher Höhe .... **Plz 8864, Tel. +43 4275**
Schlosshotel Seewirt €€€, Turracher Höhe 33, Tel. 8234,
www.schlosshotel-seewirt.com
Chalet Alpenpark Turracherhöhe €€, Turracher Höhe 271, Tel. +43 664 88679529,
www.alpenparkturrach.at
Die Nockalm €€, Turracherhöhe 95, Tel. 8477, www.dienockalm.at

Drobollach am Faaker See .... **Plz 9580, Tel. +43 4242**
Hotel-Pension Melcher €€-€€€, Greutherweg 31, Tel. 3221, www.hotel-melcher.at

Finkenstein am Faaker See .... **Plz 9584, Tel. +43 4254**
Gasthof Feichter €€-€€€, Faakerseestraße 17 , Tel. 22 14, http://gasthof-feichter.com
Pauli's Golf- und Familienhotel Pogöriacherhof €€-€€€, Pogöriacher Straße 14, Tel. 2747,
www.paulishotel.at
Pension Piovesan €€, Auenweg 10-12 , Tel. +43 650 3267326, www.pension-piovesan.at

Velden am Wörthersee .... **Plz 9220, Tel. +43 4274**
Hotel Rosanna €€€, Schanzenweg 17, Tel. 3763, www.hotelrosanna.at
Seehof Feidig €€, Saisserseeweg 10, Tel. 2875, www.seehof-feidig.at
Hotel Post Wrann €€€, Europaplatz 4, Tel. 2141, www.hotel-post.ws

Pörtschach am Wörthersee .... **Plz 9210, Tel. +43 4272**

Striedinger's Lust & Laune Hotel €€€, Seeuferstraße 33, Tel. 2334, www.laune.at
Pension Krakolinig €€, Sekull 87, Tel. +43 664 4414882,
www.pension-krakolinig-woerthersee.at
Hotel Diana €€, Fronweg 30, Tel. 2604, www.see.hoteldiana.a

Moosburg .... **Plz 9062, Tel. +43 4272**
Fischerhaus €€€, Pörtschacherstraße 44, Tel. 83315, http://fischerhaus-moosburg.at

Keutschach am See .... **Plz 9074 , Tel. +43 4273**
Frühstückspension Mokina €€, Schelesnitz 11, Tel. 2688, www.pension-mokina.at
Familienparadies Reichenhauser am Rauschelesee €€, Reauz 3, Tel. 2325,
www.familienparadies-reichenhauser.eu
Gasthaus Hotel Höhenwirt €€, Höhe 4, Tel. 2328, www.hoehenwirt.at

Sankt Kanzian am Klopeiner See .... **Plz 9122, Tel. +43 4239**
Erlebnisbauernhof Tschom €€, Littermoos 8, Alt-Stein 4,
Tel. +43 664 4855669, www.ferienidee.at
Haus Alpensee €€, Ostuferstraße 23 , Tel. 2253, www.haus-alpensee.at

Sankt Georgen am Längsee .... **Plz 9313, Tel. +43 4213**
Weingut Georgium €€€, Längseestrasse 9, Tel. +43 650 2251234, www.georgium.at

REGISTER

Abendstimmung am Millstätter See.

IMPRESSUM

© KOMPASS-Karten, A-6020 Innsbruck (21.01)
1. Auflage 2021 Verlagsnummer 5639 ISBN 978-3-99121-048-1

Text und Fotos (soweit nicht anders angegeben):
Wolfgang Heitzmann und Renate Gabriel

Titelbild: Der Weissensee in Kärnten (© stefanasal - stock.adobe.com)

S. 129, 130, 131: Region Villach Tourismus GmbH

Wanderkartenausschnitte: © KOMPASS-Karten GmbH
Kartengrundlage für Gebietsübersichtskarte S. 10-11, U4:
© MairDumont, D-73751 Ostfildern 4

Alle Angaben und Routenbeschreibungen wurden nach bestem Wissen gemäß unserer derzeitigen Informationslage gemacht. Die Wanderungen wurden sehr sorgfältig ausgewählt und beschrieben, Schwierigkeiten werden im Text kurz angegeben. Es können jedoch Änderungen an Wegen und im aktuellen Naturzustand eintreten. Wanderer und alle Kartenbenützer müssen darauf achten, dass aufgrund ständiger Veränderungen die Wegzustände bezüglich Begehbarkeit sich nicht mit den Angaben in der Karte decken müssen. Bei der großen Fülle des bearbeiteten Materials sind daher vereinzelte Fehler und Unstimmigkeiten nicht vermeidbar. Die Verwendung dieses Führers erfolgt ausschließlich auf eigenes Risiko und auf eigene Gefahr, somit eigenverantwortlich. Eine Haftung für etwaige Unfälle oder Schäden jeder Art wird daher nicht übernommen. Für Berichtigungen und Verbesserungsvorschläge ist die Redaktion stets dankbar. Korrekturhinweise bitte an folgende Anschrift:

KOMPASS-Karten GmbH
Karl-Kapferer-Straße 5, A-6020 Innsbruck
www.kompass.de/service